AF385705

ABREGÉ

DE LA
NOUVELLE
METHODE,

*A l'usage de ceux qui ont commencé à être in-
struits des premiers Principes de la
Langue Latine.*

*Avec une augmentation de Phrases tirées de Cicéron; & un
petit Abregé de plusieurs Verbes, & leurs Regimes.*

A PARIS,

Chez JEAN-LUC NYON, au premier Pavil-
lon du Colége des Quatre-Nations, vis-à-vis
l'Hôtel de Conty, à Sainte Monique.

M. DCC. XVI.

AVEC PERMISSION DU ROY.

CHAPITRE PREMIER.

Du changement de l'Actif en Passif, & du Passif en l'Actif.

E changement de l'Actif en Passif se fait de cette maniere ; on prend le Cas du Verbe Actif pour en faire le Nominatif du Verbe Passif.

Exemple.

Le Maître aime l'Escolier modeste, dites, *l'Escolier modeste est aimé du Maître*, modestus scholasticus amatur à magistro.

Ce changement se fait ainsi avec tous les Verbes Actifs.

Mais avec *Colo*, *Rogo*, *Doceo*, il faut toûjours tourner la phrase par le nom de la personne où se trouve *à* ou *aux*.

Exemple.

Le Maître enseigne la Grammaire aux enfans, tournez, *les enfans sont enseignez la Grammaire par le Maître*, pueri docentur Grammaticam à præceptore.

OBSERVATION.

Remarquez que le *Verbe Passif* gouverne l'*Ablatif* sans préposition quand la chose est inanimée.

Exemple.

Le peché offense Dieu, par le passif, *Dieu est offensé par le peché*, peccato Deus offenditur.

Le peché qui offense Dieu, peccatum quo Deus offenditur.

I.

Quand faut il changer l'Actif en Passif ?

Quelquefois on fait ce changement pour orner le discours.

I I.

Mais il est necessaire de changer le Passif en Actif, quand un Verbe Deponent ou Neutre est au Passif dans le François.

Exemple.

La vertu est admirée de tout le monde, tournez, *tout le monde admire la vertu*, omnes mirantur virtutem.

Les enfans modestes sont favorisez du maître, magister favet modestis adolescentibus.

I I I.

On doit faire encore ce changement, quand un Verbe Actif est au Passif avec un Verbe Deponent ou Neutre.

Exemple.

Vous avez été loüé & admiré de vos compagnons, condiscipuli tui te laudaverunt, & admirati sunt.

Mais quand les deux Verbes gouvernent differens Cas, il faut mettre le Nom au Cas du premier Verbe

& se servir d'un Pronom qui se mettra au Cas du second
Verbe.

Exemple.

Les Escoliers diligens sont aimez & fa-
vorisez du Maître, magister amat scho-
lasticos diligentes, illisque favet.

Il faut aussi tourner l'Actif en Passif quand il y
Amphibologie.

L'Amphibologie est un mot ou un discours à doubl
sens.

Exemple.

Je vois que vous m'aimez, me à t
amari intelligo.

CHAPITRE II.

Du Qui, &c.

IL peut y avoir deux sortes de *Qui*, un *Qui Relati*
& un *Qui Interrogatif* ou *Demonstratif.*

Le *Qui Relatif* est celui qui a toûjours un Antec
dent exprimé ou sous-entendu.

L'*Interrogatif* est celui qui n'a point d'Antecedent.
s'exprime par *Qui, qua, quid,* ou *quisnam,* &c.

ARTICLE PREMIER.

Du *Qui Relatif.*

Le *Qui Relatif* est ordinairement le Nominatif du Verbe personnel.   *Exemple.*

Dieu qui regne, Deus qui regnat.

La sagesse qui vaut mieux que les richesses, sapientia quæ divitiis præstat.

Ceux qui mentent offensent Dieu, qui mentiunt, in Deum peccant.

EXCEPTIONS.
I.

Qui devant les Impersonnels *Pœnitet*, *Pudet*, *Tædet*, *Piget*, *Miseret*, &c. se met à l'Accusatif.

Exemple.

Dieu qui a pitié, Deus quem miseret.

Les enfans qui s'ennuyent, pueri quos tædet.   II.

Qui devant un Verbe Neutre ou Deponent mis au Passif dans le François, se tourne par *Que*, & se met au Cas du Verbe.

Exemple.

Ciceron qui est admiré des sçavans, Cicero quem docti admirantur.

Les méchans qui sont haïs de tout le monde, improbi quos omnes oderunt.

Les escoliers modestes qui sont aimez & favorisez du maître, scholastici modesti, quos magister amat & quibus favet.

OBSERVATION.
Sur le Qui Relatif.

Qui précedé d'une négation ou dans une phrase qui interroge, veut le Subjonctif.   *Exemple.*

Il n'y a personne qui méprise la vertu, nullus est qui virtutem contemnat.

Y-a-t'il quelqu'un qui n'aime les escoliers diligens? Est-ne aliquis qui scholasticos diligentes non amet?

ARTICLE II.
Du Qui *précedé de l'Article A.*

A devant *Qui,* veut ordinairement le Relatif *Qui, qua, quod,* au Datif.

Exemple.

Pierre à qui j'ai donné un Livre. Petrus cui dedi librum.

L'enfant bien né, à qui il est honteux de mentir, puer benè institutus, cui turpe est mentiri.

EXCEPTIONS.
I.

A qui devant les Impersonnels *Refert, Interest & Est,* se met toûjours au Genitif.   *Exemple.*

La Republique à qui il importe, &c. Respublica cujus interest *ou* refert, &c.

Dieu à qui il apartient, &c. Deus cuju est, &c.

I I.

Si *A qui* se rencontre devant la Particule *on* avec cés Verbes, *Celo*, *Rogo*, *Doceo*, pour lors il se tourne par *Qui*, Nominatif du Verbe.

Exemple.

Vôtre frere à qui on enseigne la Grammaire, tuus frater qui docetur Grammaticam.

(*Ce qui se dit ici de l'Article (A) devant qui au singulier, s'entend aussi du pluriel.*)

ARTICLE III.

Du Qui Interrogatif ou Demonstratif.

I.

Le *Qui Interrogatif* ou *Demonstratif*, se dit en Latin *Quis* ou *Quisnam ?* &c. Exemple.

Qui a fait cela ? Quis ou Quisnam hoc fecit ?

Quand il est suivi de la Particule *De*, il gouverne les mêmes Cas que les Superlatifs. *Exemple.*

Qui de vous ? Quis vestrûm ?

Qui de nous estimez-vous ? Quem ex nobis *vel* inter nos æstimas ?

I I.

Qui Interrogatif avec comparaison de deux personnes ou de deux choses, s'exprime par *Uter, Utra, Utrum*, qu'il faut faire accorder avec le Nom & le Verbe ausquels il est joint. *Exemple.*

Qui ou lequel des deux étoit le plus sage de Cesar ou de Ciceron ? Uter fuit sapientior, Cæsar ne an Cicero ?

Laquelle des deux vertus estimez-vous le plus, de la prudence ou de la force? Utram pluris æstimas, prudentiam ne an fortitudinem?

Qui des deux devez-vous favoriser? Utri debes favere?

[*Remarquez que le* Qui *François Interrogatif, ne s'entend que du Masculin, lequel se dit en Latin* Quis *ou* Quisnam ? *Car si on interrogeoit par le genre Feminin ou par le Neutre, on diroit* quelle *ou* quel ; *& en Latin,* Quæ *ou* quænam ? Quod *ou* quid ? Quodnam *ou* quidnam ?]

Exemple.

Quelle vertu rend les jeunes gens plus recommandables ? Quæ ou Quænam virtus adolescentes magis commendat ?

Quel vice doivent-ils plus éviter ? Quod vitium magis fugere debent ?

I I I.

Qui Interrogatif devant le Futur de l'Indicatif, ou l'Imparfait du Subjonctif, demande le present du Subjonctif. Exemple.

Qui croiroit ? Quis credat ?

Qui pourroit douter ? Quis dubitet ?

Qui est l'homme qui n'admirera l'éclat de la vertu ? Quis virtutis splendorem non miretur ?

I V.

Un Qui entre deux Verbes gouverne le Subjonctif, de quelque maniere qu'on l'exprime. Exemple.

Je ne sçai qui a dit cela, nescio quis hoc
dixerit.

Je ne sçai qui vous favorisez, nescio cui
faveas.

Je connois qui vous aimez, novi quem
ames.

OBSERVATION.

Certaines particules qui viennent de *Qui*, *qua*, *quod*,
telles que sont *Qualis*, *Quantus*, *Quantum*, *Quanti*,
Quamobrem, *Cur*, &c. gouvernent le Subjonctif, lors
qu'elles sont entre deux Verbes.

Exemple.

Il sçait combien il lui importe, scit quanti suâ referat.

Je ne sçai pourquoi il a dit cela, nescio
cur hoc dixerit.

Il en est ainsi des autres.

CHAPITRE III.

Du Que.

ARTICLE PREMIER.

Du Que Relatif.

I.

LA regle generale est, que le *Que* Relatif se met toûjours au Cas du Verbe auquel il se raporte.

Exemple.

Le livre que je lis, liber quem lego.

La vertu que les sages preferent aux

richeſſes, virtus quam ſapientes divitiis anteponunt.

Les vices, qu'il importe aux hommes d'a-voir en horreur, vitia, à quibus refert hominum abhorrere.

Quand aprés le Que *Relatif, il ſe rencontre deux Ver-bes de ſuite, le Relatif ſe met au Cas du ſecond Verbe qui eſt à l'Infinitif.*

Exemple.

La leçon que je dois étudier, lectio cui debeo ſtudere.

I I.

Quand le Que *Relatif* eſt devant l'Antecedent, pour lors tous deux ſe mettent au même Cas.

Exemple.

L'eſcolier à qui il importe d'étudier, eſt venu, cujus intereſt ſcholaſtici ſtudere, is venit.

Les livres dont je me ſers ſont beaux, quibus utor libris, ii ſunt pulchri.

Que chacun s'exerce dans la profeſſion qu'il ſçait, quam quiſque norit artem, in hac ſe exerceat.

ARTICLE II.

Du Que qui commence une Phraſe.

Trois ſortes de Que *peuvent ſe trouver au commence-ment d'une Phraſe.* 1. *Un* Que *de deſir.* 2. *Un* Que *d'In-terrogation.* 3. *Un* Que *d'Admiration.*

Du Que de Desir.

Le *Que de Desir* se connoît lorsqu'on peut tourner la Phrase par *Plût à Dieu que*, ôtant la négation, & s'exprime en Latin *Utinam* avec le Subjonctif.

Exemple.

Que n'ai-je occasion de vous servir, (c. à d.) *Plût à Dieu que j'aye occasion de vous servir !* Utinam mihi de te benè merendi facultas detur !

Que ne puis-je vous rendre la pareille ! Utinam tibi par pari referre possim !

I I.

Du Que d'Interrogation.

Le *Que d'Interrogation* se connoît lorsque dans la Phrase le Nominatif est aprés le Verbe.

Exemple.

Que dites-vous ? quid dicis ?

Il est ou Relatif ou Adverbe,

S'il est Relatif, il s'exprime par *Quid*, & se met souvent au Cas du Verbe.

Exemple.

Que faites-vous ? quid agis ?

Qu'étudiez-vous ? cui rei studes ?

Que dites-vous avoir oublié ? cujus rei diciste oblitum esse ?

S'il est Adverbe, il se tourne par *Pourquoi ne*, &c. & s'exprime par *Quin* ou *Cur non* avec l'Indicatif.

Exemple.

Que ne venez-vous ? (c. à d.) *Pourquoi*

ne venez-vous pas? cur non ou quin venis?

Que n'étudiez vous ? cur litteris non das operam?

Quelquefois il s'exprime par *Quanti*, ce qui arrive lorsqu'il est joint à un Verbe de *Prix* ou d'*Eſtime*.

Exemple.

Que vous coûte cette maiſon ? quanti tibi conſtat hæc domus ?

III.

Du Que d'Admiration.

Le *Que d'Admiration* ſe connoît lorſqu'on peut mettre l'Interjection O ! devant le *Que*.

Exemple.

Que Dieu eſt bon ! on peut dire, O ! *que Dieu eſt bon !* quàm bonus eſt Deus !

[*Pour exprimer le* Que *d'admiration, il faut voir ce qui ſuit dans la Phraſe, & à quoi le* Que *d'Admiration ſe raporte.*]

I.

Si le *Que d'Admiration* ſe raporte à un Nom Subſtantif d'une choſe qui ſe peut compter, il s'exprime par *Quot*, & quelquefois par *Quàm* avec *multus, a, um*.

Exemple.

Que j'ai vû de ſoldats ! quot vidi milites !

Que j'ai vû de maiſons ! quot vidi domos !

Qu'il arrive de choſes dans le monde ! quàm multa eveniunt !

Qu'il y a de gens dans l'erreur ! quàm

mul‌ti in errore verſantur !

Si on s'étonne du petit nombre, ſervez-vous de *Pauci,*
æ , a.   *Exemple.*

Qu'il y a peu de ſages ! quàm pauci ſunt
ſapientes !

Si la choſe ne ſe compte point, ſervez-vous de *Pa-*
rùm , avec le Genitif.

Exemple.
Qu'il y a peu de ſageſſe ! quàm parum ſapientiæ !

I I.

Si le *Que d'admiration* ſe raporte à un Nom Subſtantif d'une choſe qui ne ſe peut compter, il s'exprime par
Quantùm avec le Genitif, ou par *Quantus , a , um,* que
l'on fait accorder avec le Nom Subſtantif.

Exemple.
Que de ſageſſe ! quantùm ſapientiæ,
ou quanta ſapientia !

Que j'ai eu de chagrin de la mort de Ceſar !
quantùm cepidoloris ex morte Cæſaris !

Que vôtre frere fait paroître de modeſtie !
quantam tuus frater præ ſe fert mode-
ſtiam !

I I I.

Si le *Que d'admiration* ſe raporte à un Adjectif, ou
un Adverbe, il s'exprime par *Quàm.*

Exemple.
Que Ciceron étoit un habile Orateur !
quàm eruditus orator Cicero fuit !

Que vous écrivez bien ! quàm eleganter
ſcribis !

I V.

Si le *Que d'Admiration* se raporte à un Verbe, il se peut exprimer par *Quàm* ou *Quantùm*, excepté devant un Verbe de *prix* ou d'*estime*, pour lors, c'est par *Quanti.*

Exemple.

Que je vous aime! quàm *ou* quantùm te amo !

Que vous êtes éloigné de la vertu de vos ancestres! quantùm abes à majorum tuorum virtute !

Que je vous estime! quanti te facio !

REMARQUES.

Sur Combien.

La particule, *Combien*, s'exprime de même que le *Que d'Admiration* ; c'est-à-dire par *Quot*, quand elle se raporte à un Genitif d'une chose qui se compte : Par *Quantùm*, avec le Genitif, ou *Quantus, a, um*, quand elle se raporte à une chose qui ne se compte pas : par *Quàm* quand elle se raporte à un Adjectif : ou enfin par *Quàm, Quantùm*, ou *Quanti,* si elle se raporte à un Verbe.

Exemple.

Combien d'Escoliers s'aquitent de leurs devoirs? quot scholastici suo funguntur officio?

Combien de diligence aporte vôtre frere, &c. quantùm diligentiæ, *ou* quantam diligentiam adhibet frater tuus, &c.

Vous voyez combien je vous aime, vides quantùm te diligam.

Combien coûte ce livre? quanti conſtat hic liber?

OBSERVATION.

Lorſque la Particule Combien *eſt entre deux Verbes, il faut mettre toûjours le ſecond au Subjonctif, de quelque maniere qu'on exprime* Combien.

Exemple.

Vous ne ſçauriez croire combien vos lettres m'ont été agreables, vix credas quàm jucundæ mihi fuerint tuæ litteræ.

CHAPITRE IV.

ARTICLE I.

Du Que retranché.

LE *Que retranché* eſt un *Que* entre deux Verbes; comme quand il y a, *Je dis que tu lis, Tu crois que j'écoute.*

Il faut mettre le Nom ou le Pronom qui ſuit le *Que* retranché à l'Accuſatif, & le Verbe à l'Infinitif.

Exemple.

Je crois que vous êtes ſage, credo te ſapientem eſſe.

I.

Remarquez que tous les temps de l'Indicatif, (excepté l'*Imparfait*) ſe mettent aux mêmes Tems de l'Infinitif.

Exemple.

Exemple.

Je ſçai que le maître ſcio magiſtrum

Actif. { *aime,* amare,
{ *a aimé,* amaviſſe,
{ *aimera, &c.* amaturum eſſe,&c.

Je ſçai que la vertu ſcio virtutem

Paſſif. { *eſt aimée,* amari,
{ *a été aimée,* amatam eſſe,
{ *ſera aimée,* amatum iri. (*indecl.*)

I I.

L'Imparfait de l'Indicatif après un *Que* retranché ſe met au Parfait de l'Infinitif, principalement quand on parle d'une choſe paſſée , ce qui ſe connoît par ces mots (*Hier , Autrefois, Dernierement, Ces jours paſſez , Le mois dernier* & ſemblables.)

Exemple.

Je crois que vous parliez hier de moi à Lentulus, te cum Lentulo de me heri egiſſe arbitror.

I I I.

Le Preſent du Subjonctif ſe met au Futur de l'Infinitif quand la Phraſe tient de l'avenir , comme quand il y a *Demain, Un jour , Bien-tôt , Dans peu , jamais ,* &c.

Exemple.

Je ne crois pas que vôtre frere ſe faſſe jamais des amis, non exiſtimo fratrem tuum ſibi amicos unquam paraturum.

Croyez-vous que Fabius ſoit un jour beaucoup eſtimé? an putas Fabium multi

B

aliquando esse æstimandum *ou* æstima-
tum iri.

I V.

L'Imparfait & le Plusque-parfait du Subjonctif après
un *Que retranché* , s'expriment par les participes ,
rus , ra , rum , pour la voix active , & *dus , da , dum* ,
pour la voix passive , ajoûtant

{ *esse*   , pour l'Imparfait.
{ *fuisse* , pour le Plusque-parfait.

Exemple.

**Voix
Active.**

{ *J'étois persuadé que j'obtien-
drois tout de vous,* pro certo ha-
bebam me à te omnia impe-
traturum esse.

{ *Je ne crois pas que vous eus-
siés abandonné vôtre ami, si, &c.*
non arbitror te amico tuo de-
futurum fuisse , si , &c.

**Voix
Passive.**

{ *Je crois que la vertu seroit aimée, si, &c.* existimo virtutem
esse amandam , si , &c.

{ *Tout le monde sçait que Cesar
eût été estimé , si , &c.* nemo
nescit Cæsarem fuisse æstimandum , si , &c.

*Quand on exprime le Plusqueparfait du Subjonctif
par les Participes, il est ordinairement suivi d'une de
ses Particules Si , Nisi , Modò , Sed , &c.*

V.

Il y a de certaines façons de parler Françoises, dans lesquelles quoique la Particule *que* ne soit point exprimée, elle ne laisse point d'estre sous-entenduë, & pour ne pas faire de faute dans le Latin, il faut tourner la phrase par *que.*

Exemple.

J'espere partir bien-tôt (c. à d.) *j'espere que je partirai bien-tôt*, spero me brevi profecturum.

Je vous croiois plus sage (c. à d.) *je croyois que vous étiez plus sage*, te esse sapientiorem existimabam.

Je vous promets de faire toutes choses pour vous, (c. à d. *je vous promets que je ferai*, &c. tibi promitto me tuâ causâ omnia esse facturum.

ARTICLE II.

OBSERVATION.

Pour les Verbes qui n'ont point de Supin.

I.

Les Verbes qui n'ont point de Supin, n'ont point par consequent de participe du Futur, comme la pluspart des Verbes Neutres & Impersonnels ; alors il faut se servir de *Fore ut*, ou de *Futurum ut* avec le Subjonctif.

B 2

Exemple.

Du Futur de l'Indicatif qui veut le Pre-sent du Subjonctif.

Je crois que Pierre étudiera, credo fore ut Petrus studeat.

De l'Imparfait du Subjonctif.

Je croyois que les écoliers se repentiroient, putabam fore ut scholasticos pœnite-ret.

Du Plusqueparfait du Subjonctif.

Je pense que Paul eût ou auroit étudié, puto futurum fuisse ut Paulus studeret.

I I.

On se sert de *fore ut* ou de *futurum ut*, pour le Parfait & le Futur du Subjonctif, si la chose dont on parle n'est pas encore passée.

Exemple.

Je n'espere pas que vous ayez achevé vô-tre ouvrage avant la fin du mois, non spero fore ut ante mensis finem opus tuum perfeceris.

J'espere que vous aurez executé mes or-dres lorsque vous reviendrez, futurum spero ut mandata mea confeceris cum redibis ad nos.

Mais fi la chofe eft cenfée paffée, fervez vous du Parfait de l'Infinitif.

Exemple.

Je ne crois pas que vous ayez encore reçû mes lettres, (c. à d.) *je crois que vous n'avez pas encore reçû mes lettres,* puto te nondum accepiffe meas litteras.

Je crois que vous aurez déja lû mon livre, credo te jam legiffe meum librum.

I I I.

On peut encore fe fervir de *Fore ut,* ou de *Futurum ut* après certains Verbes, comme *Spero, Puto, Sufpicor,* &c.

Exemple.

J'efpere terminer bien-tôt mes affaires, (c. à d.) *j'efpere que je terminerai,* &c. Spero fore ut negotia brevi conficiam.

Je n'ai jamais crû que vous me quitteriez fi-tôt, nunquam putavi fore ut à me tam citò difcederes.

ARTICLE III.

Des Particules Relatives.

Il, ils, elle, elles après un Que retranché.

Ces Particules, *il, ils, elle, elles,* s'expriment par

se, de tout genre & de tout nombre, quand elles se rapportent au Nominatif du Verbe qui est devant.

Exemple.

Mon frere dit qu'il viendra, frater dicit se venturum.

Ma sœur dit qu'elle deviendra modeste, soror dicit se futuram esse modestam.

Les écoliers promettent qu'ils seront plus sages, scholastici pollicentur se futuros esse sapientiores.

I I.

Au lieu de *se*, on met *suâ* devant *Refert & Interest.*

Exemple.

Marcellus dit qu'il lui importe de devenir sçavant. Marcellus dicit suâ referre fieri doctum.

Les jeunes gens sçavent qu'il leur importe d'être vertueux, adolescentes sciunt suâ interesse, virtutem colere.

Au lieu de *se* on met *suum*, devant l'Impersonnel *Est.*

Exemple.

Ma sœur dit que c'est à elle à parler, mea soror dicit suum esse loqui.

I I I.

Il, *ils*, *elle*, *elles*, ne se rapportant pas au Nominatif du Verbe, s'expriment par les Accusatifs de *Is*, *ille*, *ipse*, &c.

Exemple.

Je crois qu'il étudie , credo illum ftudere.

Vous dites qu'ils viendront, dicis illos venturos effe.

Nous efperons qu'elles deviendront modeftes, fperamus illas futuras effe modeftas.

CHAPITRE V.

Du Que *qui s'exprime par* ut.

I.

Après les Verbes *Prier*, *Confeiller*, *Faire en forte*, *Avertir*, *Avoir foin*, *Il faut*, *Il eft neceffaire*, *Il arrive*, & plufieurs autres , le *que* ou *de* s'exprime par *ut* avec le Subjonctif.

Exemple.

Je vous prie fort de prendre Metellus fous vôtre protection , ut Metellum recipias in fidem vehementer te rogo.

Je vous confeille de mieux étudier, tibi fuadeo ut accuratiùs ftudeas.

Faites en forte qu'il connoiffe, fac ou da operam ut intelligat.

Je vous avertis d'avoir foin de vôtre réputation , te moneo ut famæ confulas.

Ayez soin de vous bien porter, cura u
valeas.

Il arrive souvent que la complaisanc
fait des amis, & la verité des ennemis
sæpè fit ut obsequium amicos, verita
odium pariat.

I I.

Après les Verbes *Velim* je vous prie, *Fac* faite
en sorte, *Necesse est* & *Oportet* il faut, on sous-en
tend souvent par élegance la Conjonction *ut.*

Exemple.

Je vous prie de croire, sic velim existi
mes.

Faites-le moi sçavoir, fac sciam.

Il est necessaire que Pierre étudie, ne
cesse est Petrus studeat.

I I I.

Quelquefois après *Oportet* & *Necesse est*, on re
tranche le *que,* & le Verbe suivant se met à l'Inf
nitif.

Exemple.

Il faut que le corps meure, corpus mor
tale interire necesse est.

R E M A R Q U E

Sur le Verbe Persuader.

Quand le Verbe *Persuader* signifie *Engager, C*
seiller, le *de* qui est après s'exprime par *ut.*

Exemp

Exemple.

J'avois perſuadé à Ceſar de quitter les armes, perſuaſeram Cæſari ut ab armis diſcederet.

Mais ſi *Perſuader* ſignifie *Convaincre de quelque choſe, la faire croire*, le *que* qui eſt après ſe retranche.

Exemple.

Je ſuis perſuadé que vous m'aimez, perſuaſum habeo me à te amari.

OBSERVATION.

Sur de devant un Infinitif, exprimé par ut.

Quand *de* eſt exprimé par *ut*, le premier Verbe marque le tems du ſecond, qui doit être mis au Subjonctif.

Le Preſent & le Futur de l'Indicatif demandent le Préſent du Subjonctif.

Exemple.

| *Je vous prie* | | *d'étudier.* | Te rogo | | ut ſtudeas. |
| *Je vous prieray* | | | Te rogabo | | |

Les autres Tems demandent l'Imparfait.

Exemple.

Je vous priois		*d'étudier.*	Te rogabam		ut ſtuderes.
Je vous ay prié			Te rogavi		
Je vous avois prié			Te rogaveram.		

C

CHAPITRE VI.

ARTICLE PREMIER.

Du que ou de *après les Verbes* Craindre, Apprehender.

I.

Le *que* ou *de* après les Verbes *Craindre*, *Apprehender*, &c. s'exprime par *ne* avec le Subjonctif, soit qu'il y ait une négation, soit qu'il n'y en ait pas.

Exemple.

Je crains que ma mere ne meure, timeo ne moriatur mater mea.

J'apprehende de vous incommoder, vereor ne tibi sim molestus.

Je ne crains pas que vous mouriez de cette maladie, non vereor ne ex hoc morbo moriaris.

II.

Mais s'il y a deux négations après le *que*, (c. à d. *Ne pas*, ou *Ne point*) le *que* s'exprime par *ne non*, ou par *ut* avec le Subjonctif.

Exemple.

Je crains que vous ne soyez pas Empereur, vereor ne Imperium non obtineas.

Je crains qu'on ne puisse appaiser mon pere, timeo ut pater meus placari non possit.

ARTICLE II.

Du que *ou* de *aprés le Verbe* Prendre garde.

La Particule *de* ou *que* s'exprime par *ne* après le Verbe *Prendre garde.*

Exemple.

Prenez garde qu'il ne tombe, cave ne cadat.

Prenez garde de vous fier à tout le monde, cave ne omnibus credas.

Souvent la Conjonction *ne* après le Verbe *Cave* est sous entenduë.

Exemple.

Ne croyez pas, ou *prenez garde de croire*, &c. cave existimes, &c.

ARTICLE III.

Du que *ou* de *aprés les Verbes* Défendre, Dissuader, Empêcher, &c.

I.

Si les Verbes *Empécher*, *Défendre*, *Dissuader*, ne sont accompagnez d'aucune négation, le *que* ou

le *de* qui les suit s'exprime par *ne* avec le Subjon‑
ctif.

Exemple.

Dieu vous défend de mentir, Deus pro‑
hibet ne mentiaris.

*Je vous empêcherai de vous mettre en che‑
min* , impediam ne te viæ commit‑
tas.

Il m'a dissuadé de partir, dissuasit mihi
ne proficiscerer.

I I.

Mais s'il y a quelque négation jointe aux Verbes
Empêcher , *Défendre* , le *que* ou le *de* s'exprime par
quin ou *quominus.*

Exemple.

Je n'empêcherai pas , ou bien *il ne tien‑
dra pas à moi que vous ne veniez* , non im‑
pediam , *ou bien* , per me non stabit quin
ou quominus venias.

Le Maître ne me défendra pas de joüer ,
non prohibebit magister quominus lu‑
dam.

La mort ne m'a pas empêché , *&c.* Mors
non me deterruit quominus , &c.

I I I.

Le Verbe *Empêcher* s'exprime quelquefois par
non possum non avec l'Infinitif ou *non possum quin*
avec le Subjonctif.

Exemple.

Je ne sçaurois m'empêcher d'admirer Cesar, ou bien, *je ne puis que je n'admire Cesar,* non possum non mirari Cæsarem.

Je ne sçaurois m'empêcher d'aimer beaucoup Pompée, non possum quin Pompeium mirificè diligam.

* * *

R E M A R Q U E S.

I.

Ciceron met le nom de la personne à l'Accusatif, avec le Verbe *Prohibeo*, & se sert des noms dérivez des Verbes qu'il met à l'Ablatif.

Exemple.

Je lui ai défendu d'entrer, ou *je lui ay interdit l'entrée,* eum aditu prohibui.

I I.

La Particule *de* ou *que* après les Verbes *Vetare, Prohibere,* (empêcher, défendre,) peut aussi se retrancher : pour lors le Verbe suivant est mis à l'Infinitif, & le nom ou pronom à l'accusatif.

Exemple.

Ils ont empêché qu'il ne s'en allast, prohibuerunt eum exire.

Vos raisons m'empêchent d'en douter, rationes tuæ vetant me eâ de re dubitare.

C 5.

CHAPITRE VII.

ARTICLE I.

Du que *aprés le Verbe* Douter.

I.

Quand il y a une négation avec le Verbe, *Douter,* le *que* s'exprime par *quin* avec le Subjonctif.

Exemple.

Je ne doute point que vous ne soyez surpris de ce que, &c. non dubito quin mireris, quòd, &c.

Je ne doute pas que la chose ne soit ainsi, non dubito quin res sic se habeat.

Il ne faut pas douter qu'il ne vienne, nullum est dubium quin venturus sit.

I I.

Mais s'il n'y a point de négation avec le Verbe *Douter,* le *que* ou le *si* s'exprime par *an* ou *utrum.*

Exemple.

Je doute que le Roy vienne demain, dubito an Rex cras sit venturus.

Je doute si votre frere sera jamais sçavant, dubito utrum frater tuus futurus sit unquam doctus.

On exprime de même par *an* ou *utrum* la Particule *si* après les Verbes suivans, *Considerer si*, *Demander si*, *Ecrire* ou *Mander si*, *Dire si*, *Examiner si*, *Interroger si*, *S'informer si*, *Sçavoir si*, *Ne sçavoir si*, *Voir si*, & autres semblables.

ARTICLE II.

Des **Temps** *ausquels on doit mettre les Verbes après* ut, an, quin, &c.

Quand *si* ou *que*, étant exprimé par *ut*, *an*, *utrum*, *quin*, est suivi,

D'un Futur de l'Indicatif.

D'un Présent du Subjonctif, avec quelques termes qui marquent l'avenir,

Ou d'un Imparfait ou plusque parfait du Subjonctif,

Il faut se servir du Participe *rus*, *ra*, *rum*, pour l'Actif : & de *dus*, *da*, *dum*, pour le Passif.

Avec	*Sim*, *sis*, *sit*, &c.	Pour le Futur de l'Indicatif, & pour le présent du Subjonctif.	du Sub-jonctif.
	Essem, *esses*, *esset*, &c.	Pour l'Imparfait.	
	Fuissem, *fuisses*, *fuisset*,	Pour le Plusque parfait.	

Exemple de l'Actif.

Je doute que vous surpassiez jamais vos compagnons, dubito utrum tuos unquam superaturus sis condiscipulos.

	aimera, &c.
Lentulus a tant	amaturus sit,
d'esprit qu'il	*aimeroit, &c. si*
Lentulus tam	amaturus esset, &c.
est ingeniosus ut	*auroit aimé, &c. si, a-*
	maturus fuisset, &c.

Exemple du Passif.

Je doute que vous soyez jamais beaucoup estimé, dubito utrum multi faciendus sis.

	sera aimée,
Je ne sçai si ma	amanda sit.
sœur	*seroit aimée,*
Nescio an so-	amanda esset.
ror mea	*auroit été aimée,*
	amanda fuisset.

Mais si le Verbe n'a pas de Supin, il n'a pas de Participe Futur, alors il faut se servir de

Futurum sit ut   Pour le Futur de l'Indicatif & pour le Présent du Subjonctif.

Futurum esset ut   Pour l'Imparfait du Subjonctif.

Futurum fuisset ut   Pour le Plusqueparfait du Subjonctif.

Exemple.

Je ne sçai s'il étudiera, nescio an futurum sit ut studeat.

Je doute qu'il suive jamais vos sages con-
seils , dubito utrum futurum sit ut pa-
reat unquam tuis prudentibus consiliis,

Je ne doute point qu'il ne se repentît , si
&c. non dubito quin futurum esset ut
illum pœniteret , si &c.

Je ne doute point que vous n'eussiez été
estimé & favorisé de tous les gens de bien ,
si , &c. non dubito quin futurum fuisset ut omnes boni te estimarent , tibi-
que faverent , si, &c.

ARTICLE III.

Du que ou de *après le* Verbe Attendre.

I.

Que après le Verbe *Attendre* s'exprime par *dum*
avec le Subjonctif.

Exemple.

Attendez que je retourne , expecta dum
redeam.

REMARQUE.

Les bons Auteurs se servent du Substantif dérivé du
Verbe , & le mettent à l'accusatif.

Exemple.

J'attens que le Roy soit de retour , (*au*
lieu de dire) Expecto dum Rex advene-
rit , (*ils disent*) Expecto Regis adven-
tum.

I I.

Quand *Attendre* signifie le même qu'*esperer* , la particule *que* se doit retrancher , & il faut se servir du Verbe *Sperare.*

Exemple.

Attendez-vous de venir à bout de votre entreprise? (c. à d.) Esperez-vous que vous veniez à bout de votre entreprise? Spe-rasne te perfecturum quod animo destinas?

A R T I C L E   I V.

Du de aprés les Verbes se réjoüir , être faché, s'étonner, se repentir, *&c.*

I.

Après ces Verbes *se réjoüir , être faché, s'étonner, se repentir*, la particule *que* ou *de* est souvent retranchée en mettant le Verbe suivant à l'Infinitif, & le nom ou pronom à l'accusatif.

Exemple.

Je me réjoüis que vous soyez arrivé en bonne santé, te salvum venisse gaudeo.

J'ai été faché que vous n'ayez pas remercié le Senat, molestè tuli te Senatui gratias non egisse.

Je suis surpris , ou je m'étonne que vous

ne m'écrivez point, miror te nihil ad me
ſcribere.

Je me repens de ne vous avoir point crû,
tibi fidem non habuiſſe me pœnitet.

I. I.

Quelquefois le *de* ou le *que* après ces mêmes Verbes s'exprime par *quod* avec le Subjonctif ou l'Indicatif.

Exemple.

Je ſuis ſurpris, ou je m'étonne que vous
ayez quitté Pompée, miror quod à Pom-
peio diſceſſeris.

Je me repens, ou je ſuis fâché de vous
avoir offenſé, me pœnitet quòd te of-
fenderim.

Je ſuis bien aiſe de vous avoir interrom-
pu, gaudeo quòd te interpellavi.

ARTICLE V.

Du que *aprés les Verbes,* Il importe, il
eſt de l'intérêt, &c.

I.

Que après ces Verbes, *Il eſt de l'interêt, il importe,*
&c. ſe retranche quelquefois.

Exemple.

Il eſt fort important pour vous & pour moi
que vous vous portiez bien, Et meâ & tuâ

maximè intereſt rectè valere.

La République a intérêt qu'on connoiſſe les méchans, intereſt Reipublicæ cognoſci malos.

OBSERVATION.

Il arrive ſouvent qu'après ces Verbes *Refert* & *Intereſt*, le nom ou pronom qui devroit être à l'accuſatif eſt ſous-entendu.

Exemple.

Il vous importe d'être ſçavant, tuâ refert eſſe doctum. (*te ſous-entendu.*)

Il va de notre intérêt d'être diligens, noſtrâ refert eſſe diligentes. (*nos ſous-entendu.*)

I I.

Quelquefois le *que* après les Verbes *il importe, il eſt de l'intérêt, &c.* s'exprime par *ut* avec le Subjonctif.

Exemple.

Nous avons tous deux intérêt que je vous aille trouver, utriuſque noſtrûm magni intereſt ut te conveniam.

J'ai grand intérêt de vous voir, illud meâ magni intereſt ut te videam.

Si après les Verbes *Il importe*, il y a deux *que* ſéparez par la particule *ou*, le premier *que* s'exprime par *an* ou *utrum*, ou par *ne* qui ſe met après le premier mot; & le ſecond par *an* ou *utrum*, avec le Subjonctif.

Exemple.

Il importe peu qu'il se taise ou qu'il parle, parvi refert taceat-ne an loquatur, *ou bien* an taceat an loquatur, *ou* utrum taceat an loquatur.

Il ne m'importe pas, ou *je ne me mets point en peine que vous fassiez cela ou non,* nihil meâ refert utrum id facias, nec ne.

CHAPITRE VIII.

ARTICLE PREMIER.

De la Particule On.

On suppose que l'on ait déja appris ce qu'on a dit dans le Rudiment de la Particule On.

I.

QUand *on* est devant *que* entre deux Verbes, il s'exprime personnellement, ou impersonnellement.

Pour l'exprimer personnellement, il faut prendre le nominatif du second Verbe pour en faire le nominatif du premier, & mettre le second Verbe à l'infinitif.

Exemple.

On dit que je suis modeste, (tournez) *je suis dit être modeste,* ego dicor esse modestus.

On croit que ma mere lira , (c. à d.) *mamere est cruë devoir lire* , mater creditur lectura.

On dit qu'on envoyera votre frere en claſſe, (c.à d.) *votre frere est dit devoir être envoyé en claſſe*, frater tuus dicitur eſſe mittendus in ſcholam.

II.

Quand la Particule *on* s'exprime imperſonnellement, le ſecond Verbe ſe met pareillement à l'Infinitif, & le nom ou pronom qui le precede à l'accuſatif.

Exemple.

On dit que vous avez honte de votre impieté, dicitur te tuæ impietatis pudere.

On croit que votre frere ſe repent de ſa pareſſe, creditur tuum fratrem pœnitere pigritiæ ſuæ.

OBSERVATION.

Si la particule *on* eſt jointe à ces Verbes , *Raconter*, *Publier*, *Ecrire*, *Dire*, & qu'ils ſoient à un tems paſſé, ils ſe mettent imperſonnellement , & le *que* ſe retranche.

Exemple.

On a raporté que les ennemis avoient été vaincus, allatum eſt hoſtes victos fuiſſe.

On m'a mandé qu'on vous envoyeroit des livres, mihi scriptum est libros tibi esse mittendos.

On m'a dit que les Ecoliers étoient modestes, mihi dictum est scholasticos esse modestos.

I I I.

Si la Particule *on* est avec un Verbe neutre ou déponent au passif, il faut tourner la phrase par l'actif.

Exemple.

On sera favorisé du Roy, (tournez) *le Roy favorisera*, Rex favebit.

On a été long-tems poursuivi des ennemis, (c. à d.) *les ennemis nous ont long-tems poursuivis*, hostes nos diu persecuti sunt.

I V.

Quand la particule *on* est précédée de *lorsque* ou de *quand*, il faut tourner la phrase par *celui qui*, & l'exprimer par *qui*, *quæ*, *quod*, où *quicumque*.

Exemple.

Quand on est sage, on ne fait rien qui ne soit utile, qui sapit, nihil agit quod non profit.

V.

Si la particule *on* est devant les impersonnels *pœnitet*, *pudet*, &c. il faut tourner la phrase de cette maniere.

Exemple.

On se repentira de sa paresse, (c. à d.) plusieurs se repentiront de leur paresse, multos pœnitebit pigritiæ suæ.

S'il y a une negation, tournez la phrase par personne.

Exemple.

On ne devroit pas s'ennuyer en classe, neminem deberet tæderet in schola.

VI.

On se sert fort élegamment de la seconde personne singuliere du Subjonctif, pour exprimer la Particule *on* lorsqu'on parle en général.

Exemple.

On voit, on trouve des gens qui méprisent les richesses, videas, reperias qui divitias contemnant.

Si on suppute les années, si annos computes.

VII.

Quoique les Verbes neutres n'ayent point de Passif, néanmoins plusieurs ont la troisiéme personne du singulier de la voix passive.

Exemple.

On va, on est allé, on ira, itur, itum est, ibitur.

On est venu, ventum est.

On favorise les justes, favetur justis.

L'on ne dira pas. On a étudié, *Studitum eſt*, mais *Studuerunt*, parce que *Studeo* n'a point de Supin.

ARTICLE II.

Du Verbe Il ſemble.

On peut exprimer *Il ſemble* en deux maniéres, ou *perſonnellement*, ou *imperſonnellement*.

I.

Quand on l'exprime *perſonnellement*, il faut que le Nom ou Pronom qui ſuit le *que* devienne le Nominatif du Verbe *Il ſemble*, comme en la Particule *on* ſuivie de la Particule *que*.

Exemple.

Il ſemble au maître que les Ecoliers ſont ſages (c. à d.) *les Ecoliers ſont ſemblez, ou paroiſſent au maître être ſages*, ſcholaſtici videntur magiſtro eſſe ſapientes.

Il me ſemble que les Ecoliers comprendront cette difficulté, (c. à d..) *les Ecoliers me paroißent devoir comprendre, &c.* mihi videntur ſcholaſtici percepturi hanc difficultatem.

I I.

Si le Verbe *Il ſemble* ſe prend *imperſonnellement*, ce qui arrive toutes les fois qu'il eſt devant les Verbes imperſonnels *Pœnitet*, *&c.* le Nom ou Pronom qui devroit être le Nominatif du Verbe *videri*, *videor*, ſe met à l'Accuſatif.

Exemple.

Il semble que les jeunes gens ne se repentent point de leur paresse, videtur adolescentes non pœnitere pigritiæ suæ.

Il me semble que vous vous ennuyez de l'étude, mihi videtur te tædere studii, &c.

CHAPITRE IX.

Des Participes du Present, comme Aimant, Enseignant, &c.

I.

Quand ces Participes du Present, comme *Aimant*, *Enseignant*, &c. se rapportent au Nominatif du Verbe, on les met au Nominatif; s'ils se rapportent au cas du Verbe, on les met au cas du Verbe.

Exemple.

Ex. du Nominatif. } *Je deviendrai docte en lisant Ciceron*, legens Ciceronem fiam doctus.

Ex. du Cas. } *M'en allant l'autre jour aux champs, Pierre vint au devant de moi*, mihi nuper rus eunti occurrit Petrus.

Si le Participe ne se rapporte ny au Nominatif ny au Cas du Verbe, on le met à l'Ablatif absolu,

Exemple.

Mon frere jouant, j'étudierai, fratre meo ludente, studebo.

Ces Participes peuvent se tourner aussi par *Lorsque, Puisque, &c.* pour lors on se sert de *Cùm, Postquam*, &c.

Exemple.

L'écolier devient docte travaillant jour & nuit, scholasticus fit doctus cùm diu noctuque laborat.

Il faut absolument tourner le Participe par *Lorsque, Puisque,* &c. quand le Verbe Latin n'a point de Participe, comme *Memini, Sum, Possum, &c.*

Exemple.

Le disciple sera loüé de son maître étant modeste, discipulus à magistro laudabitur, cùm *ou* si fuerit modestus.

Le soldat se réjouit se ressouvenant des hazards par où il a passé, gaudet miles, cùm meminerit periculorum quibus perfunctus est.

Vous ne deviendrez point sçavant, vous ennuyant de l'étude, doctus non evades, cùm *ou* si te studii tædebit.

I I.

Ayant devant un Verbe Actif.

Quand *ayant* devant un Verbe Actif peut se tour-

ner par *Aprés que , Lorsque* , &c. on doit l'exprimer
par *Postquam , Ubi Cùm* , &c.

Exemple.

Ayant salué le maître , *je suis sorti* , postquam salutavi præceptorem, egressus
 sum.

Ayant terminé mes affaires , *je partirai* ,
 cùm mea negotia confecero, proficiscar.

Ayant s'exprime aussi par le Participe du Passif
qui se met au Cas du Verbe , & s'accorde avec le
Substantif.

Exemple.

Ayant fait mon thême , *je l'ai corrigé* ,
 Scriptum thema emendavi.

Le maître a renvoyé les écoliers , *les ayant*
 avertis de leur devoir , discipulos de
 officio monitos , magister dimisit.

Mais si le Participe ne se rapporte ny au Nominatif , ny au Cas du Verbe , on le peut mettre à
l'Ablatif absolu.

Exemple.

Ayant recité ma leçon , *je suis sorti de*
 classe , recitatâ lectione , è scholâ
 egressus sum.

III.

Ayant *devant un Verbe* Passif.

Ayant devant un Verbe Passif s'exprime par le Participe du Passé, qui se rapporte tantost au Nominatif, tantost au Cas du Verbe, quelquefois ny à l'un ny à l'autre.

Exemple.

Ex. du Nominatif. } *Socrate aïant été interrogé, dit,* &c. interrogatus Socrates dixit, &c.

Quand le Participe est suivi de *le*, *la*, *les*, il est le Cas du Verbe.

Exemple.

Ex. du Cas. } *Ces lettres ayant été lûës, je les déchirai,* lectas litteras laceravi. *La vertu ayant été aimée des plus sages, les jeunes gens doivent la pratiquer,* dilectam à sapientibus virtutem colere debent adolescentes.

Ex. de l'Ablatif absolu } *Ces choses ayant été dites, ils s'en allerent,* his dictis abierunt.

Dans toutes ces manieres de parler on peut aussi se servir de *Cùm* ou *Postquam.*

Exemple.

Ayant été prié par mon frere, j'ai par-

donné, cùm rogatus essem à fratre,
veniam dedi.

REMARQUEZ qu'*Estant* & *Ayant* été sont la
même chose, & s'expriment de même.

Exemple.

Mes affaires étant terminées, je partirai,
confectis negotiis, proficiscar.

Etant prié de dire mon sentiment, je n'ai
pû, &c. cùm sententiam rogatus
fuissem, non potui, &c.

IV.

Ayant *devant un Verbe* Déponent.

Ayant devant un Verbe Deponent, est tantôt le
Nominatif, & tantôt le Cas du Verbe, & se met au
Participe Passif.

Exemple.

Ex. du Nomi-natif.
> Pierre ayant beaucoup parlé, se tût,
> Petrus multa locutus, tacuit.
> Le Pere est mort ayant consolé ses
> enfans, consolatus filios pater
> obiit.

Ex. du Cas.
> Un voleur ayant dérobé des livres,
> mes compagnons le poursuivirent,
> latronem libros furatum, con-
> discipuli mei insecuti sunt.

On se peut servir aussi de *Cùm, Postquam.*

Exemple.

Ayant parlé peu , il s'en alla , cùm pauca fuisset locutus , abiit.

V.

Ayant *devant un Verbe* Neutre.

Lors qu'*Ayant* est devant un Verbe Neutre , il faut necessairement tourner la phrase par *Après que, Lors-que , Puisque* ou *Quoyque ,* & en Latin par *Postquàm , Cùm, Ubi, Quamvis.*

Exemple.

Ayant excellé en toute sorte de sciences , il mourut , postquam floruisset in omni scientiarum genere, obiit.

Ayant étudié nuit & jour, il est toutefois des derniers de sa classe , quamvis diu noctuque studuerit , inter ultimos tamen scholæ sedet.

V I.

Ayant été *devant un Verbe* Déponent *au passif.*

Ayant été devant un Verbe Déponent (*c'est-à-dire*) au Passif, il faut tourner le Passif en Actif, & se servir du Participe , comme il est marqué cy-devant , ou de *Post-quam, Cùm,* &c.

Exemple.

Ayant été poursuivi de mes ennemis , je me

suis retiré, c. à d. *mes ennemis m'ayant pourfuivi*, &c. cùm me hoftes infecuti effent, receffi.

Ayant été embraffé de mon pere, je m'en irai, c. à d. *lorfque mon pere m'aura embraffé*, &c. cùm me pater amplexus fuerit, abibo.

Ablatif abfolu. } *La guerre ayant été fuivie de plufieurs maux, la paix a été faite avec les ennemis*, c. à d. *plufieu r maux ayant fuivi la guerre*, &c. multis malis bellum infecutis, pax cum hoftibus confecta eft.

V I I.

Ayant été *devant un Verbe* Neutre.

Ayant été fe trouvant devant un Verbe Neutre, il faut tourner le Paffif en Actif, & fe fervir neceffairement de *Poftquàm*, *Cum*, &c.

Exemple.

Mon ami ayant été favorifé du Roi, je me fuis réjoüi, c. à d. *le Roy ayant favorifé*, &c. cùm Rex amico meo faviffet, gravifus fum.

La leçon ayant été étudiée des écoliers, ils font allé joüer, (c. à d.) *aprés que les écoliers ont étudié la leçon*, &c.

Poftquam

poftquàm ſcholaſtici ſtuduerunt le-
ƈtioni, luſum iverunt.

Rᴇᴍᴀʀqᴜᴇᴢ que pour ſe ſervir de l'*Ablatif abſolu*,
il faut que le Participe ne ſe rapporte ny au Nominatif, ny au Cas du Verbe.

Exemple.

*Ayant lû ces phraſes, je ſuis devenu le pre-
mier de la Claſſe,* his leƈtis phraſibus,
ſcholæ primas obtinui ſedes.

O B S E R V A T I O N S.

Sur Etant *joint à* Auſſi, *& ſur* Ayant *devant* Autant.

Lors qu'*Etant* eſt joint à *Auſſi*, ou qu'*Ayant* ſe
trouve devant *Autant*, on ſert pour les exprimer
du Relatif *Qui*, *quæ*, *quod* ou de *Pro* avec l'A-
blatif.

Exemple.

Etant auſſi ſage que vous l'êtes, quæ tua
eſt ſapientia, *ou* pro tua ſapientia.
Ayant autant d'eſprit que vous en avez,
pro tuo ingenio, *ou* quod eſt tuum
ingenium.

VIII.

REMARQUES.

Sur *Après devant un* Infinitif.

I.

Aprés devant un Infinitif, s'exprime de la même maniere qu'*Ayant* ou *Etant*, c'est à-dire, par *Postquàm*,
Cùm, *Ubi*, &c. ou par les Participes, ou par l'Ablatif
absolu.

Exemple.

Aprés avoir soupé j'étudie, c. à d. *aprés
que j'ai soupé*, postquam cœnavi, studeo.

Aprés avoir soupé j'étudierai, c. à d. *aprés
que j'aurai soupé*, postquam cœnave-
ro, studebo.

*Aprés que j'aurai recité mes leçons j'irai
joüer*. Ubi, Simul ac, Ubi primum re-
citavero lectiones lusum ibo, *ou par
l'Ablat. absolu*, recitatâ lectione, lusum ibo.

II.

Aprés devant un Infinitif passif, s'exprime de la
même maniere.

Exemple.

Aprés avoir été pris il fut pendu, post-

quam captus eſt, *ou* cùm captus fuiſ-
ſet, *ou ſimplement*, captus, ſuſpenſus
eſt.

I X.

Sur Avant que.

Avant que devant un Infinitif s'exprime par *Antequam* ou par *priuſquam.*

Exemple.

Il prie Dieu avant que d'aller coucher.
Deum orat antequam *ou* priuſquam
lectum petat.

Il étudie		
ſtudet,		ludat.
Il étudioit		luderet, *ou*
ſtudebat,		luſiſſet.
Il a étudié		luderet, *ou*
ſtuduit,		luſerit.
Il avoit étudié		
ſtuduerat,		luſiſſet.
Il étudiera		
ſtudebit,		ludat.

En colonne centrale, verticalement : *Avant que de joüer / Antequam*

On peut élegamment ſéparer *Ante* ou *priùs* de
quàm.

Exemple.

La voix paſſe avant qu'on y prenne garde,
vox antè *ou* priùs præter labitur quàm
percepta ſit.

CHAPITRE X.

Du Que *aprés* Tant s'en faut, Peu s'en faut, Bien loin que *ou* de *&c.*

I.

Aprés *Tant s'en faut*, les deux *que* s'expriment par *ut* avec le Subjonctif.

Exemple.

Tant s'en faut que vous foyez mon ami, qu'au contraire vous êtes mon ennemi, tantùm abeſt ut ſis mihi amicus, ut contrà ſis inimicus.

Tant s'en faut que je vous furpaſſe, que même je ne vous égale pas, tantùm abeſt ut te fuperem, ut ne aſſequar quidem.

Bien loin que, Bien loin de, s'exprime de la même maniere que *Tant s'en faut que, &c.*

II.

Quelquefois *Tant s'en faut que,* ou *Bien loin de* peut ſe tourner par *Non-ſeulement, &c. mais auſſi, &c.* & on l'exprime par *Non modò non,* &c. *fed etiam,* &c.

Exemple.

Bien loin de vous blâmer, il vous loüe,

Tantùm abeſt ut te vituperet, ut etiam te laudet ; *ou bien*, non modò te non vituperat, ſed etiam laudat.

Bien loin de les aimer, je ne puis pas les voir ; (c. à d.) *Non-ſeulement je ne les aime pas, mais même je ne puis les voir,* non modò eos non amo, ſed etiam eos intueri non poſſum.

On peut encore ſe ſervir de *Nedum* avec le Subjonctif.

Exemple.

Tant s'en faut que je l'aye frapé, je ne l'ai pas même vû, ne vidi quidem, nedum verberaverim.

I I I.

Sur Peu s'en faut *que ſuivi d'un Subjonctif.*

Après *Peu s'en faut*, la Particule *que* s'exprime par *quin* avec le Subjonctif.

Exemple.

Peu s'en eſt fallu qu'il ne vint, parùm abfuit quin veniret.

Quand on ſe ſert de *Propè factum eſt* pour exprimer *Peu s'en eſt fallu*, le *que* s'exprime par *ut*.

Exemple.

Peu s'en eſt fallu qu'on ne le tuât ; ou

Il n'a tenu presque à rien qu'on ne le tuât, proprius nihil est factum quàm ut occideretur.

I V.

Peu s'exprime quelquefois par *Parùm,* mais lorsqu'il est joint à un Verbe de *Prix* ou *d'Estime,* il s'exprime par *Parvi.*

Exemple.

Il importe peu,   parvi refert.
Estimer peu,   parvi facere.

V.

Quand *Peu* est joint à un mot qui peut se compter, on l'exprime par *Paucus, a, um.*

Exemple.

Peu de gens servent Dieu comme il faut, pauci Deum colunt ut par est.

Peu de jours aprés, paucis interpositis diebus.

Dire peu de choses, pauca dicere.

CHAPITRE XI.

De la Particule Sans.

I.

Lorsque la Particule *Sans* est précedée d'une negation, on se sert de *quin* ou de *priùs quàm,* & le Verbe suivant au Subjonctif.

Exemple.

Je ne laisse passer aucun jour sans penser à vous, nullum diem prætermitto quin de te cogitem.

Il ne partira point sans me dire adieu, non priùs hinc proficiscetur, quàm mihi vale dixerit.

I I.

Si la Particule *Sans* n'est précédée d'aucune negation, on peut se servir de *Nec*, *Nec tamén*, ou de *Quamvis*.

Exemple.

Il est sorti sans fermer la porte, (c. à d.) *il est sorti, & il n'a point fermé la porte,* exiit, nec ou nec tamen fores clausit.

Il a fait cela sans y être obligé, (c. à d.) *quoiqu'il n'y fût pas obligé,* hoc fecit, quamvis non teneretur.

I I I.

On peut encore exprimer *Sans* par le Participe passif.

Exemple.

Il est venu sans être prié, venit non rogatus.

Il est allé coucher sans souper, discessit cubitum incœnatus.

E 4

Il est échapé sans être blessé, evasit illæ-
sus.

I V.

Sans s'exprime quelquefois par l'Ablatif absolu
quand le Participe ne se raporte ni au Nominatif, ni au
Cas du Verbe.

Exemple.

*Vous avez entrepris ce voyage sans avoir
consulté Monsieur vôtre pere*, inscio ou in-
consulto tuo patre hoc iter suscepisti.

*Vous le comprenez sans que je vous le
dise*, id, etiam me tacente, intelligis.

V.

On exprime encore *Sans* quelquefois par *Sine*, avec
le Nom dérivé des Verbes qu'on met à l'Ablatif.

Exemple.

Sans retarder, (c. à d.) *sans retarde-
ment*, sine mora.

Sans pleurer, sine lacrymis.

Sans contester, sine controversia.

*Il y a diverses autres manieres d'exprimer la particule
Sans, dont on ne peut donner des regles latines ; & que
l'usage seul peut aprendre : En voici quelques Exemples
des plus ordinaires.*

Pourvû que ce soit sans vous incommoder,
quod commodo tuo fiat.

Sans rire , extra jocum , *ou* remoto joco.

Sans s'ennuyer , citra tædium & moleſtiam.

Sans bleſſer ſa conſcience , ſalvâ fide.

Sans retarder davantage , nullâ interpoſitâ morâ.

Sans avoir égard à vôtre qualité , nullâ habitâ ratione dignitatis tuæ.

Souffrir quelque choſe ſans ſe plaindre , aliquid æquo animo ferre.

Sans y penſer , temerè, imprudenter.

Sans rien dire , tacitè.

Sans faire ſemblant de rien , Diſſimulanter.

CHAPITRE XII.

Des Particules Son , ſa , ſes , leur , leurs *& ſe devant un Verbe.*

On ſupoſe qu'on ait apris dans le Rudiment ce qu'on y enſeigne de ces Particules.

I.

LA regle generale eſt que *Son* , *ſa* , *ſes* , *leur* , *leurs* , s'exprime par *Suus*, *ſua*, *ſuum*, lorſqu'ils ſe raportent au Nominatif du Verbe ; & par le Genitif d'un de ces Pronoms *Is*, *Ille*, *Ipſe*, lorſqu'ils ne s'y raportent point.

Exemple.

Un Chrêtien doit beaucoup aimer ses pa-rens, Chriſtianus ſuos parentes chariſſi-mos habere debet.

Les Maîtres favoriſent leurs Eſcoliers, Magiſtri favent ſuis ſcholaſticis.

Nous avons été touchez de ſa mort, illiu morte commoti ſumus.

Vous ſuivez leurs conſeils, eorum conſi-lia ſequeris.

I I.

Quand *Son, ſa, ſes,* ou *leur, leurs,* ſont au commence-ment d'une phraſe, on les exprime par le Genitif d'un de ces Pronoms, *Is, Ille, Ipſe, &c.* s'ils ne ſe raportent point au cas du Verbe.

Exemple.

Son ami m'eſt venu trouver, amicus ejus me convenir.

Ses affaires ſont embroüillées, illius ne-gotia non ſunt expedita.

Leur conduite eſt aprouvée de tout le mon-de, ab omnibus eorum agendi ratio pro-batur.

EXCEPTION.

Mais lorſque *Son, ſa, ſes,* ou *Leur, leurs* commen-çant la phraſe, ſe raportent au Cas du Verbe, *c'eſt-à-dire,* s'ils ſont ſuivis de ces Particules, *Le, la,* ou *le,* pour lors on les exprime par *Suus, ſua, ſuum,* de cette maniere.

Sa paresse l'a rendu ignorant, sua eum pigritia ignarum fecit.

Ses citoyens le chasserent de la ville, sui eum cives è civitate ejecerunt.

Leur modestie les fait considerer, sua eos commendat modestia.

Leur mauvaise vie les a perdus, sui eos profligati mores perdiderunt.

III.

De la Particule Se.

Quand *Se* est devant un Verbe actif dont le Nominatif est une chose inanimée, il faut mettre le Verbe au passif.

Exemple.

Ce Livre se vend cinq sols, hic liber venditur quinque assibus.

Le mal s'augmente, malum augetur.

Exceptez les phrases suivantes.

Si l'occasion se presente, si se dederit occasio.

La chose se trouvant dans cet état, cùm ita se res habeat.

IV.

Mais quand *Se* est devant un Verbe dont le Nominatif est une chose animée, il s'exprime par *Se.*

Exemple.

Le superbe se loüe, superbus se laudat.

Il se nuit à soi-même, sibi nocet ipse.

Pierre & Jean se loüent, Petrus & Joannes invicem se laudant.

Ils se battent, Inter se pugnant.

OBSERVATION.

Il y a quelques Verbe qui emportent le *Se* avec eux, aussi-bien que ces autres Particules *Me*, *Te*, &c.

Exemple.

Il se promene,   ambulat.
Il se plaint,   conqueritur.
Je me promene,   ambulo.
Tu te plains,   conquereris.

CHAPITRE XIII.

De la Particule Si.

LA Particule *Si* dans un discours est toûjours jointe à un Nom Adjectif, ou à un Adverbe, ou se trouve devant ou aprés un Verbe.

I I.

Si étant devant un Adjectif ou un Adverbe, s'exprime par *Ita*, *Tam* ou *Adeò*, & le *que* par ut avec le Subjonctif.

Exemple.

Il paroît si sage qu'il se fait aimer de tout

e *monde*, adeò sapientem se præbet, ut omnium animos sibi conciliet.

L'affaire va si bien, ou *est en si bon état que j'espere*, &c. tam benè se res habet, ut sperem, &c.

Lorsque la Particule *Si* est jointe à ce mot *Grand* ou *Grande*, elle s'exprime par *Tantus*, *a*, *um*, & le *que* par *ut*.

Exemple.

J'ai eu un si grand soin de vos affaires que, &c. negotia tua tantæ mihi fuerunt curæ, ut, &c.

J'ai une si grande liaison avec Monsieur vôtre pere, que, &c. tanta mihi cum tuo patre intercedit necessitudo, ut, &c.

I I I.

On met toûjours le Subjonctif après *Si*, quand le Verbe suivant est à l'*Imparfait*, ou au *Plusque parfait*: mais lorsqu'il est au *Present* ou au *Parfait* ou au *Futur*, on met indifferemment l'Indicatif ou le Subjonctif.

Exemple.

Si vous m'aimiez vous suivriez mes avis, si me amares, meis pareres consiliis.

Si vous aviez mieux étudié, &c. si accuratiùs studuisses.

Si vous en voulez sçavoir la raison, si causam rogas.

Si la chose est ainsi, si res ita se habet, ou
    habeat.

III.

Lorsque devant ou après la Conjonction *Si*, il se rencontre un *Futur*, il faut mettre le Verbe auquel *Si* est
joint au Futur de l'Indicatif ou du Subjonctif, quoique le François semble marquer un Present.

Exemple.

Si vous venez me voir, j'aurai beaucoup de
    joye, si ad me venies, maximâ afficiar
    lætitiâ.
Vous me ferez un trés-grand plaisir, si vous
    entreprenez cette affaire, pergratum
    mihi feceris, si illud negotium susce-
    peris.

IV.

La Conjonction *Si* s'exprime par *An* ou *Utrum*, après
les Verbes qui signifient quelque incertitude, comme
Douter, *Deliberer*, *Demander*, *s'Informer*, *Ne pas*
sçavoir, &c.

Exemple.

Je ne sçai si vous m'aimez, haud scio an
    me ames:
Je suis en doute si je quitterai Paris, du-
    bito an Lutetiâ discessurus sim.
Mandez-moi si vous vous portez bien ou
    non, scribas velim an rectè valeas,
    nec nè.

V.

Qand *si* est suivi d'une negation, on l'exprime ordinairement par *Nisi*, qui gouverne souvent le Subjonctif, quelquefois par *Si minùs*.

Exemple.

S'il n'avoit point frequenté des méchans, nisi improborum consuetudine usus fuisset.

Si vous ne craignez pas les hommes, du moins craignez Dieu, si minùs homines, at certè Deum time.

V I.

Que *si* s'exprime par *Quòd si.*
* *Mais si*, par *Sin.* * *Si au contraire*, si cela n'étoit point, ou étoit autrement, par *Sin autem, sin aliter, sin minùs.*

Exemple.

Que si cela est ainsi, voilà qui va bien, quòd si ita res est, benè.

Mais si, ou si au contraire cela n'est pas, la chose va mal, sin aliter, ou sin minùs, peßimè.

Remarquez qu'immédiatement après *Si, Nisi,* &c. on ne met pas *Aliquis*, mais on dit *Si quis, si qua,* &c. *si quando, si ullus, si unquam.*

Exemple.

Si quelqu'un de vous ignore combien il lui

importe, *&c.* si quis vestrûm ignoret
quanti suâ referat, &c.

Si quelque chose se presente, si qua res est,
&c.

Si jamais, &c. si unquam, &c.

V I I.

Si se met fort bien aprés les Pronoms, & les Relatifs
Qui, quæ, quod.

Exemple.

Si nous le voulons faire, hoc nos si facere velimus.

Si vous le faites, quod si feceris.

V I I I.

Cette façon de parler *Si ce n'est que,* s'exprime par
Nisi fortè, Nisi verò, Nisi si.

Exemple.

Si ce n'est que vous vouliez dire, nisi fortè, *ou* nisi velis dicere.

CHAPITRE XIV.

Des Particules Autant *&* Tant *suivies d'un* que.

ARTICLE PREMIER.

Remarques sur Autant.

I.

Autant que s'exprime quelquefois par *quantum.*

Exemple.

Autant que je puis conjecturer, quantùm auguror conjecturâ.

Autant que je puis comprendre, quantùm prospicere possum.

Autant que cela dépendra de moi, quantùm in me erit.

II.

Quand *Autant* est joint à un Verbe d'*Estime* ou de *Prix*, on l'exprime par *Tanti*, & le *que* par *Quanti*. Avec tout autre Verbe, on l'exprime par *Tam-quàm* ou *Tantum quantum* ou *Sic ut*, &c.

Exemple.

Je vous estime autant que je dois, tanti te facio, quanti debeo.

Il vous aime autant que s'il avoit vécu

avec vous, tam te diligit quàm si vi-
xerit tecum.

Je l'aime autant qu'il m'estime, tantùm
eum diligo, quanti me facit.

I I I.

Lors qu'*Autant* est devant un nom Substantif d'une
chose qui se peut compter, il s'exprime par *Tot*, & le
que par *Quot*. Si la chose ne se compte point, *Autant
que* s'exprimera par *Tantùm quantùm* avec le Genitif,
ou par *Tantus*, *a*, *um*, & *Quantus*, *a*, *um*, qu'on fera
accorder avec le nom Substantif.

Exemple.

*Il y a autant de sentimens qu'il y a d'hom-
mes au monde*, quot homines, tot sen-
tentiæ.

Il a autant de diligence que d'esprit, tantùm habet diligentiæ, quantùm in-
genii, *ou* tantam habet diligentiam
quantum ingenium.

I V.

Si *Autant* est suivi d'un nom Adjectif, ou d'un Adverbe, il s'exprimera par *Tam* & le *Que* par *Quàm*,
ou bien par *Non minùs quàm*, ou par *Æquè ac*, &c.

Exemple.

Il est autant sçavant, c. à d. *aussi sçavant
que modeste*, tam doctus est, quàm
modestus, *ou* non minùs doctus est,
quàm modestus, *ou* Æquè doctus est,
ac modestus.

ARTICLE II.

Remarques sur Tant que.

I.

Si après *Tant que* suit un nom Substantif, il faut sui-vre les regles qu'on a données sur *Autant;* car si la cho-se se compte, il faudra exprimer *Tant que* par *Tot quot;* si la chose ne se compte point, par *Tantùm quan-tùm* avec le Genitif, ou *Tantus, a, um,* & *Quantus, a, um.*

Exemple.

Il n'y a pas tant d'Escoliers diligens, que de paresseux, non tot sunt scholastici diligentes, quot pigri.

Il n'a pas tant de force que de courage, non est ei tantùm roboris quantùm animi, *ou bien* non inest ei tanta vis, quantus est animus.

II.

Si après *Tant que* suit un Verbe, le *Que* pour lors s'exprime par *ut* avec le Subjonctif.

Exemple.

Il a reçu tant de coups, qu'il en est mort, tot plagas accepit, ut mortuus sit.

Il a tant de vertu qu'il est aimé de tout le monde, tantùm virtutis *ou* tanta vir-tus in eo est, ut ab omnibus ametur.

Je vous estime tant , que je ne sçaurois vous rien refuser , tanti te facio , ut nihil tibi denegare possim.

III.

Il y a de certaines occasions où *Tant* , & le *que* qui suit , s'expriment par *Tum* repeté , ou par *Cùm* suivi de *Tum*

Exemple.

Les Philosophes tant anciens que nouveaux , Philosophi tum veteres , tum recentiores.

J'aime beaucoup Fabius tant à cause de son grand esprit , qu'à cause de sa grande modestie , Fabium mirificè diligo cùm propter summum ejus ingenium , tum propter singularem modestiam.

IV.

Tant & *que* estant joints ensemble , s'expriment par *Tamdiu dum* , ou par *Quamdiu.*

Exemple.

Vous étudierez tant que vous voudrez , studio vocabis tamdiu dum *ou* quamdiu voles.

V.

Tant suivi de *Pour* s'exprime par *tam ut* , & *que pour* par *quàm ut.*

Exemple.

Je le fais non pas tant pour vous plaire, que pour, &c. id ago non tam ut tibi placeam, quàm ut, &c.

CHAPITRE XV.

Remarques sur Plus *&* Moins *, pris en differentes manieres.*

I.

Plus joint à un Verbe, s'exprime par *Plus*, *Magis*, *Amplius*; si c'est un Verbe de *Prix* ou *d'Estime*, par *Pluris*.

Exemple.

J'ai plus lû que vous, plus ou amplius ou plura legi quàm tu.

Il est estimé plus que vôtre frere, pluris fit quàm tuus frater.

II.

Plus joint à un Nom Substantif d'une chose qui se compte, s'exprime par *Plures* ou *Plura*; si elle ne se compte point, par *Plus* avec le Genitif.

Exemple.

Plus de villes aprouvent vôtre dessein, Plures civitates tuum consilium probant.

Dire plus de choſes, plura dicere.
Plus de vanité que de ſcience, plus ſuper-
   biæ quàm eruditionis.

III.

Moins s'exprime de la même maniere que *Plus*, c'eſt-
à-dire, par *Minùs* s'il eſt joint à un Verbe, *comme*

Aimer moins, Minùs diligere.

Quelquefois par *Minoris*, lors qu'il eſt joint à un
Verbe de *Prix* ou *d'Eſtime*, comme

Coûter moins, minoris conſtare.
Eſtimer moins, minoris facere.

Quand *Moins* eſt joint à un mot de choſes ou de per-
ſonnes qu'on peut compter, il s'exprime par *Pauciores*
ou *Pauciora*.

Exemple.

Moins de gens en ont de chagrin, dolor ad
   pauciores pertinet.

Si la choſe ne ſe compte point, par *Minùs* avec l
Genitif, *comme*

Il y a moins de peine, minùs laboris
   ineſt.

IV.

Sur le *Que* après un *Superlatif*.

Le *Que* après un Superlatif s'exprime par *Qui*, qui
quod.

Exemple.

Il est le plus sage homme que je connoisse
c. à d. *il est le plus sage de tous ceux
que je connois ,* est omnium quos no-
verim sapientissimus.

Si le Superlatif étoit Adverbe, on exprimeroit le
Que par *Quàm* de cette maniere.

Exemple.

Le plus diligemment que je pourrai , quàm
diligentissimè potero.

V.

Du Plus repeté.

Quand *Plus* se trouve repeté dans une Phrase, on
exprime le premier *Plus* par *Quò* ; & le second par *Eò*
ou *Hòc* avec le Comparatif ; ou par *Quantò*, & *Tantò*.

Exemple.

*Plus une personne a d'esprit , plus elle a de
peine à enseigner ,* quò quis ingeniosior
est hòc docet laboriosiùs.
*Plus un Escolier est modeste, plus il est esti-
mé ,* quò modestior est scholasticus ;
eò pluris æstimatur.
*Tout le monde convient que plus un jeune
homme est sage , plus il est digne de*

louange, conſtat apud omnes quò ſa‑
pientior eſt adoleſcens, eò illum eſ‑
ſe digniorem laude.

Plus *nous ſommes élevez en dignité, plus
nous devons être humbles*, quantò ſu‑
periores ſumus, tantò ſubmiſſiùs nos
geramus.

V I.

Moins repeté s'exprime de la même maniere que
Plus.

Exemple.

*Moins vous mépriſerez les autres, moins
ils vous mepriſeront*, quò minùs alios
aſpernaberis, eò te minùs aſperna‑
buntur.

V I I.

Quand on parle en general, le premier *Plus* peut
encore s'exprimer fort élegamment par *Ut quiſqui*
avec le Superlatif, & le ſecond par *Ita*, ſuivi auſſi
d'un Superlatif.

Exemple.

*Plus on eſt homme de bien, plus on
craint d'offenſer Dieu*, ut quiſque eſt vir
optimus, ita maximè veretur ne in
Deum peccet.

*Plus un homme eſt dans le beſoin, plus
nous ſommes obligez de le ſecourir*, ut
quiſque maximè opis indiget, ita ei po‑
tiſſimùm debemus opitulari.

VIII

VIII.

D'autant plus *suivi d'un* Que.

D'autant plus s'exprime par *Hòc* ou *Eò* avec le Comparatif ; & le *que* par *quò* s'il suit un Comparatif, ou par *quod* s'il suit un Verbe.

Exemple.

Il est d'autant plus aimable , qu'il est modeste. Eò ambilior est, quò modestior.

Il est d'autant plus sage , qu'il s'en fait moins accroire. Eò sapientior est , quò minùs sibi arrogat.

Il est d'autant plus estimable , qu'il ne manque jamais à son devoir. Eò pluris æstimandus est, quòd nunquam officio suo deest.

Remarquez qu'on doit se servir de Eò *magis, ou* Eò *pluris selon les Verbes ausquels* Plus *est joint, & le* que *de même doit s'exprimer par* quò *magis, ou* quò *pluris.*

Exemple.

Plus on est vertueux, plus on est estimé. Quò quis magis virtutem colit, eò pluris æstimatur.

Ou bien par *d'autant plus.*

**** G

Exemple.

*On eſt d'autant plus eſtimé, que l'on eſt
plus vertueux.* Eò quiſque pluris æſtima-
tur, quò magis virtutem colit.

CHAPITRE XVI.

Du que *ou* de *aprés* Etre digne, *ou*
Meriter.

I.

APrès *Dignum eſſe* qui ſignifie *Etre digne* ou *Meri-*
ter, on ne met point l'Infinitif, comme marque
le François ; mais on exprime le *que* ou le *de* par
Qui, quæ, quod, & le Verbe ſuivant ſe met au Subjonctif.

Exemple.

Vous meritez de commander. Dignus es
qui imperes.

Il eſt digne d'être aimé de vous. Dignus
eſt qui à te diligatur.

Il merite qu'on le ſecoure. Dignus eſt
cui opem feras.

Il eſt digne d'être admiré. Dignus eſt
quem admirentur.

*Vôtre ſœur merite d'être loüée, admirée
& favoriſée de tout le monde.* Digna eſt
ſoror tua quam laudent, admirentur,

cuique faveant omnes.

I I.

Au lieu de *Qui*, *ua*, *quod*, pour exprimer le *que* ou le *de* aprés *Dignus*, *a*, ▪on peut se servir des noms dérivez des Verbes.

Exemple.

Vous meritez d'être loüé. Dignus es laude, *au lieu de*, dignus es qui lauderis.

REMARQUE.

Des Verbes Devoir *&* Il faut *suivis d'un Infinitif.*

Quand le Verbe *Devoir* ou *Il faut* est joint à un Infinitif, comme *Je dois aller*, *Il faut travailler*, remarquez si c'est seulement une *Resolution*, ou si c'est une *Obligation* de faire la chose.

I.

Si c'est une simple *Resolution* de faire une chose, servez-vous des Participes *rus*, *ra*, *rum*, pour l'Actif, & de *dus*, *da*, *dum*, pour le Passif.

Exemple.

Il doit partir. Profecturus est.

Il doit composer un livre. Librum scripturus est.

Il me faut acheter une maison. Emenda mihi est domus.

Il faut exercer la memoire. Exercenda eſt memoria.

II.

Si le Verbe *Devoir* ou *il faut* marque une *Obligation* de faire quelque choſe, on peut ſe ſervir du partiſipe, *dus, da, dum,* ou de *Neceſſe eſt.*

Exemple.

Il faut honorer Dieu. Deus colendus eſt.

Il faut arrêter ſes paſſions. Comprimendæ ſunt libidines.

Il a fallu neceſſairement faire cela. Neceſſe fuit hoc facere.

III.

Si le Verbe auquel eſt joint *On doit* ou *Il faut* ne gouvernoit point l'Accuſatif, il faudroit ſe ſervir du Gerondif en *dum*, & mettre le Cas qui ſeroit propre au Verbe.

Exemple.

Il faut avoir ſoin de ſa ſanté. Valetudini ſerviendum eſt.

Il ne faut pas prendre d'exercices violens. Exercitationibus modicis utendum eſt.

IV.

Au lieu de l'Ablatif avec la prepoſition *à* ou *ab*, on joint plus élegamment un Datif aux Gerondifs & aux Participes Paſſifs *dus, da, dum.*

Exemple.

Vous devez vous faire des amis. Amici tibi parandi sunt.

Nous devons aimer la vertu. Amanda nobis est virtus.

V.

Quelquefois le Verbe *Il faut* se prend pour *j'ai besoin*, pour lors il s'exprime par *Opus*.

Exemple.

Il me faut un ami, (c. à d.) *j'ai besoin d'un ami.* Opus est mihi amico.

OBSERVATION.

I.

Après le Verbe *Curare* Avoir soin, Ciceron se sert trés souvent du participe en *dus*, *da*, *dum*, au lieu de l'Infinitif, & on le fait accorder avec le Nom Substantif.

Exemple.

J'aurai soin de vous faire tenir des Lettres. Litteras ad te perferendas curabo.

J'aurai soin de faire terminer l'affaire. Negotium conficiendum curabo.

II.

Après ces Verbes, *Curo*, *Volo*, *Habeo*, *Oportet*, &c.

les bons Auteurs se servent souvent du Participe en *us*,
a, *um*, au lieu de l'Infinitif.

Exemple.

Je veux vous avertir d'une chose, Unum
te monitum volo.

Je vous prie de m'excuser, Me excusa-
tum habeas.

J'aurai soin de vous trouver Pamphile,
Pamphilum inventum tibi curabo.

CHAPITRE XVII.

Du Que *aprés une* Negation *, & entre
deux* Negations.

I.

LE *que* qui est aprés une Negation, s'exprime quelquefois par *Tantùm* ou *Solùm*, lorsqu'on peut tourner le *ne* & le *que* par seulement.

Exemple.

Il n'y a que trois jours qu'il est mort;
(c. à d.) il est mort depuis trois jours seulement. A tribus tantùm diebus obiit.

Il n'a fait que trois lieuës. Tres solùm
leucas confecit.

I-I.

Quand *ne* & *que* se peuvent tourner par *A peine*

Maintenant, tout à l'heure, on les exprime par *Modò* ou *Vix.*

Exemple.

Il ne fait que d'arriver, (c. à d.) *il arrive tout maintenant.* Modò *ou* Vix advenit.

Il ne fait que de partir. Modò profectus eſt.

III.

Le *que* qui eſt aprés une Negation s'exprime ſouvent par *Niſi,* & la Negation par *Nihil, Nihil aliud,* quelquefois par *Semper, Perpetuò,* &c.

Exemple.

Un homme ſage ne fait que ce qui eſt utile. Sapiens nihil agit niſi quod eſt utile.

Un Chrêtien ne ſouhaite que ce qui eſt honnête. Chriſtianus nihil expetit, niſi quod eſt honeſtum.

Les pareſſeux ne font que badiner. Pigri nihil aliud agunt quàm nugantur, *ou bien* ſemper *ou* perpetuò nugantur.

Remarquez que ces Conjonctions Niſi, Quàm, Sicut, Velut, Nec tamen, &c. *veulent avoir ordinairement ſemblables Mœufs, & ſemblables Cas après, que devant,*

G 4

I V.

Du Que entre deux Negations.

Si le *Que* entre deux Negations est Relatif, il s'exprime par *Qui*, *quæ*, *quod*, avec le Subjonctif, s'il est Adverbe, il s'exprime par *quin*.

Exemple.

Que Relatif.	*Il n'y a rien qu'on ne doive crain-dre.* Nihil est quod non timendum sit.
	Il n'assure rien qu'il ne prouve. Nihil affirmat quod non probet.
Que Adverbe.	*Je n'étudie point que je n'aye prié Dieu.* Non studeo quin Deum priùs rogaverim.
	Il n'y a personne qui n'aime les gens de bien. Nullus est qui non ou quin bonos diligat.

REMARQUES.

Sur le *Que* aprés ces mots, A peine, Aussi-tôt, Plûtôt.

I.

Le *Que* qui suit *A peine*, s'exprime par *Cùm*.

Exemple.

A peine fut-il arrivé, qu'il me vint trouver. Vix advenerat, cùm me convenit.

A peine y avoit-il un an, que, &c. Vix annus intercesserat, cùm, &c.

I I.

Aussi-tôt que s'exprime par *Statim ut, Ut primùm, Ubi, Simul ac, Simul atque, Ut.*

Exemple.

Aussi-tôt que je pourrai, j'irai vous voir. Ubi primùm potero, *ou* Statim atque potero, te conveniam.

Aussi-tôt que j'aurai vû Curion, j'aurai de quoi vous écrire. Ego statim habebo quod ad te scribam, simul ut Curionem videro.

I I I.

Plûtôt & le *que* qui est aprés s'expriment quelquefois par *Statim ut* ou *atque*, ou par *Vix cùm*.

Exemple.

Il n'est pas plûtôt sorti de classe, qu'il va joüer. Statim atque è scholâ exiit, ludum petit, *ou* Vix è schola exiit, cùm ludum petit.

Il ne fut pas plûtôt créé Prêteur , que ,
Statim ut ille Prætor factus est , &c.

I V.

Plûtôt que s'exprime quelquefois par *Potiùs quàm ,*
ou par *Celeriùs* ou *Citiùs ,* qui veulent dire *Plus vite.*

Exemple.

Combattez plûtôt que de devenir esclave.
Depugna potiùs quàm servias.
Je crois qu'il viendra plûtôt qu'on ne pen-
se. Eum celeriùs opinione venturum
arbitror.

CHAPITRE .XVIII.

Sur le *Que qui se trouve aprés* Etre cause, Autre, Autrement, Tel, Même, &c.

I.

Le *que* après *Etre cause ,* s'exprime par *Cur* avec le
Subjonctif.

Exemple.

La lâcheté est cause que les jeunes gens ne
profitent point dans les sciences , desidia
in causâ est, cur adolescentes nullum
in litteris progressum faciant.

I I.

Aprés *avoir sujet ou raison*, le *de* s'exprime par *cur*, & quelquefois par *Quòd* avec le Subjonctif.

Exemple.

Vous n'avez pas raison de vous donner tant de peine, non est causa cur tantum laborem capias.

Vous n'avez pas sujet de craindre, non est quòd timeas.

Quelle raison avez-vous de ne pas craindre? quid causæ est cur non pertimescas.

I I I.

Du Que *aprés* Autre, &c.

La Particule *que* aprés *Autre*, & *Autrement*, s'exprime en Latin par *Quàm*, *Ac*, ou *Atque*.

Exemple.

Je ne serois pas autre que je suis, non alius essem atque nunc sum.

Que je meure si je vous écrits autrement que je ne pense, ne sim salvus, si aliter scribo ac sentio.

J'en use autrement que je n'avois dit, aliter atque ostenderam, facio.

Je suis autre que vous ne pensez, alius sum quàm existimas.

Remarquez que dans ce dernier exemple, & dans d'autres semblables, la Particule *Quàm Adverbe*, emporte avec elle la *Negation*.

I V.

Au lieu de se servir de *Quàm*, de *Ac*, ou de *Atque*, pour exprimer le *que* aprés *Autre* ou *Autrement*, il est plus élegant de repeter *Alius, alia, aliud* ; ou *Aliter*.

Exemple.

Il parle autrement qu'il ne pense, aliud loquitur, aliud sentit.

On vit autrement avec un tyran qu'avec un ami, aliter cum tyranno, aliter cum amico vivitur.

V.

Lorsqu'il y a dans une phrase, *Les uns*, & *Les autres*; *Une chose*, & *Une autre*, on repete fort bien *Alius, alia, aliud*.

Exemple.

Les uns cherchent les honneurs, les autres les richesses, alii honores, alii divitias expetunt.

V I.

Du Que aprés Tel.

Tel s'exprime par *Is, ea, id*, & le *Que* par *Qui, qua, quod*; ou par *Talis*, & le *Que* par *Qualis*.

Exemple.

Je ne suis pas tel que vous pensez, non is
    sum quem me esse putas.

Si nous sommes tels que nous devons être,
    si ii nos sumus qui esse debemus.

Ma sœur n'est pas telle qu'elle paroît, mea
    soror ea non est quæ videtur.

Afin que nous paroissions tels que nous
    sommes, ut quales sumus, tales esse
    videamur.

V I I.

Quelquefois le *que* après *Tel* s'exprime par *Ut* avec
le Subjonctif, ou par *Ac*, *Atque*.

Exemple.

Il est d'une telle humeur que, *&c.* Ea est
    ejus indoles, ut &c.

Il vient avec une telle diligence, que, *&c.*
    Eâ celeritate venit, ut &c.

Vous a-t'on fait un tel honneur qu'à moi?
    Talis ne honor tibi datus est ac mihi.

V I I I.

Du *que* aprés Même.

Si le *que* qui est aprés *Même* est un *que adverbe*, il
s'exprime par *Perinde ac*, *Non secùs ac*, & autres semblables.

Exemple.

Je le cheris de même que si c'étoit mon frere, illum diligo perinde ac, *ou* non secùs ac si esset frater meus.
Je suis de même avis que vous, idem sentio ac tu.

I X.

Si le *que* aprés *Même* est un *que Relatif*, il s'exprime par *Qui*, *qua*, *quod*, qui se met au Cas que demande la phrase.

Exemple.

Je suis le même à vôtre égard que j'ai toûjours été, idem sum erga te qui semper fui.
C'étoit la même nuit qu'il mourut, una atque eadem nox erat quâ obiit.

CHAPITRE XIX.

Sur Au lieu de, & du Que joint à quelques circonstances de Tems.

I.

Au lieu de étant devant un Infinitif se tourne ordinairement par les Verbes *Devoir* ou *Pouvoir* selon le sens de la phrase, & s'exprime en Latin par *Cùm* avec Subjonctif de ces Verbes.

Exemple.

Au lieu d'écouter il joüé (c. à d.) *lorsqu'il devroit écouter, &c.* Ludit cùm audire deberet.

Au lieu de s'apliquer à l'étude, il ne fait que badiner (c. à d.) *lorsqu'il pourroit s'apliquer, &c.* Cùm studio vacare posset, totus est in nugis.

Au lieu de peut aussi se tourner par *Tant s'en faut*

Exemple.

Au lieu d'écouter il joüé, c. à d. *Tant s'en faut qu'il écoute, qu'au contraire il joüé,* tantum abest ut audiat, ut potiùs ludat.

I I.

Au lieu se rencontrant devant un nom *Subſtantif,* on l'exprime en Latin par *Loco,* & le nom Subſtantif se met au Genitif.

Exemple.

Au lieu de récompense il demande, &c. Præmii *ou* mercedis loco petit, &c.

Au lieu d'épée il se sert de bâton, gladii loco, fuste utitur.

III.
Que *joint à quelques circonstances de temps.*

Les Exemples suivans doivent servir de regle.

Maintenant ou *à present que vous devriez être plus sage,* nunc cùm sapientissimus esse deberes.

Ce fut de nuit qu'il fut tué, Nox erat cùm occisus est, *ou* Nocte fuit occisus.

Un jour que je me promenois, quâdam die cùm ambularem.

Le jour viendra qu'il vous faudra rendre compte, veniet illud tempus cùm reddenda tibi erit ratio.

Il y a long-temis qu'il est parti, diu, ou jampridem abiit.

Il y a deux mois qu'il est mort, duo menses abiêre, ex quo tempore obiit, *ou bien* duobus ab hinc mensibus discessit.

Ce n'est pas d'aujourd'hui qu'on l'accuse de paresse, non nunc primùm *ou* non hodiè primùm insimulatur pigritiæ.

Depuis que vous étudiez, ex quo litteris das operam.

Depuis que le monde est monde, ab omni
memoriâ

memoriâ ætatum , *ou* Poſt homines natos.

I V.

Ne *au commencement d'une phraſe.*

Ne au commencement d'une phraſe s'exprime par *Ne* avec le Subjonctif, ou par *Noli*, ou *Nolite* avec l'Infinitif.

Exemple.

Ne *vous preßez point*, ne feſtines.
Ne *croyez pas*, &c. Noli putare, &c.
Ne *vous oubliez pas vous même* , ne tibi defis.

Lors qu'on met Ne *avec le Subjonctif, il y a toûjours ſous entendu,* Cave , Rogo , Moneo , *&c.*

V.

Où *l'on doit mettre* Ne *en d'autres oc-caſions.*

Lorſque les Pronoms François ſont mis après les Verbes (ce qui arrive quand la phraſe interroge) on ſe ſert de *Ne*, qu'on met toûjours en ſecond lieu, de *An*, de *Num*, de *Utrum*.

Exemple.

Vôtre *père viendra-t'il ?* Veniet ne pater tuus ?
Penſez *-vous bien à ce que vous dites ?* Num cogitas quid dicas ?

Y a-t'il quelque terre à vendre ? an aliquis
fundus venalis est ?

Remarquez que ces mêmes Particules étant aprés un
Verbe, veulent un Subjonctif.

Exemple.

Je ne sçai s'il viendra, nescio an venturus
sit, *ou* Haud scio venturus ne sit.

CHAPITRE XX.

Sur plusieurs Façons de parler, & sur la
maniere de les exprimer en Latin.

I.

Trop étant devant un *Adjectif* ou un *Adverbe*, il faut
mettre l'Adjectif ou l'Adverbe au Comparatif, & le
Pour qui suit s'exprime par *Quàm ut,* ou par *Quàm,*
qui, quæ ou *quod* avec le Subjonctif.

Exemple.

Vous êtes trop sçavant pour ignorer ces cho-
ses, doctior es quàm ut *ou* quàm qui
hæc ignores.
Vôtre sœur est trop modeste pour ne pas être
estimée, soror tua modestior est, quàm
ut *ou* quàm quæ non æstimetur.

Cette maniere de parler *Il n'est pas homme à*, ou *pour*, *Il n'est pas capable de*, *&c.* s'exprime par *Is, ea, id*, & on y joint *Qui, qua, quod* (de la même maniere qu'on exprime *Tel*, suivi de *que*)

Exemple.

Je ne suis pas homme à en impoſer aux autres, non is ſum qui aliis imponam.

Vôtre mere n'est pas capable de nous tromper, non ea eſt mater tua, quæ nos decipiat.

Les lâches ne ſont pas capables d'avoir honte, *&c.* Ignavi non ſunt ii, quos pudeat.

III.

Aſſez étant joint à un nom *Adjectif*, s'exprime par *Ita*, *Tam*, ou *Adeò*, & le *Pour* qui ſuit, s'exprime par *Qui, qua, quod*, avec le Subjonctif.

Exemple.

Je ne suis pas aſſez inſolent pour me croire Roy, non ſum tam inſolens, qui me Regem putem.

I V.

Lors qu'*Auſſi* ſe trouve devant un *Adjectif* ou un *Adverbe*, on l'exprime par *Æquè*, & le *Que* par *Ac* ou *atque*, ou par *Tam*, *Quàm*, quelquefois le *Que* par *quàm qui* ſuivi d'un Superlatif.

Exemple.

Il est aussi stupide qu'une bête, hebes est
æquè ac pecus.

Il est aussi prudent que sçavant , æquè
prudens est atque doctus.

*Il est aussi habile qu'on le peut être , ou
qu'aucun homme du monde ,* tam doctus
est quàm qui doctissimus.

V.

On peut exprimer *Quelque* en deux manieres, ou
par ces Adjectifs *Quantuscumque , quantacumque ,
quantumcumque ; Quicumque ,* &c. *Qualiscumque ,*
&c. si *Quelque* est joint à un Nom Substantif : Ou
par *Quantumvis, quantumlibet ,* &c. si ce mot est joint
à un Nom Adjectif.

Exemple.

Quelque route que vous teniez , quemcum-
que cursum teneas.

*Quelque sagesse que l'on ait, on ne peut pre-
voir l'avenir ,* quantâcumque sis sa-
pientiâ non potes futura prospicere.

*Quelque habile qu'il soit, il ignore bien
des choses ,* quantumvis sit doctus ,
multa ignorat.

VI.

Ce n'est pas à dire pour cela que , ou *Il ne s'en suit
pas pour cela que ,* &c. s'exprime en Latin par *Non
idcircò , Non continuo.*

Exemple.

Pour avoir falué quelquefois des méchans , ce n'eft pas à dire pour cela que je le fois, non continuò, *ou* non id circò, fi improbos nonnumquam falutavi, fum improbus.

VII.

Non que ou *Ce n'eft pas que* fe dit en Latin par *Non quin*, *Non quòd*, ou *Non quò*, &c.

Mais c'eft que s'exprime par *Sed quia*, *Sed quòd*, ou *Sed quò*.

Exemple.

Non que je le craigne, ou ce n'eft pas que je le craigne, mais c'eft que je defire , *&*c. Non quò *ou* quòd illum timeam , fed quòd cupiam.

VIII.

Ce qui étant fuivi de *C'eft que*, s'exprime par *Nihil aliud nifi*, ou par *Illud quod*.

Exemple.

Ce qui me confole , c'eft que je në le crois pas coupable, nihil aliud me confolatur, nifi quòd illum culpâ vacare arbitror.

*Ce qui me choque le plus, c'eft que , &*c. Illud me vehementer offendit, quòd, &c.

IX.

Pourvû que s'exprime par *Modo* ; ou par *Modo ne* lorfqu'il y a après une Negation.

Pourvû qu'il favorise les gens de bien,
   modò virtuti faveat.
Pourvû qu'ils ne loüent point la colere,
   Modò ne laudent iracundiam.

X.

REMARQUES.

Quand on est sur le point de faire une chose, &
qu'on se sert du Verbe *Aller* pour s'exprimer, on
prend *Mox* ou *Modo*, avec le Futur ; ou le Participe
en *rus*, *ra*, *rum*, avec le Verbe *Sum*.

Exemple.

Je m'en vais partir, mox *ou* modò proficiscar.
Il vient d'arriver, modò advênit.
Je m'en vais composer un livre, librum
   scripturus sum.

X I.

Est-ce ainsi que ; &c. *Sera-t-il dit que ?* &c. s'exprime par *Ita ne*, *Ita ne vero*, *Siccine vero?*

Exemple.

Est-ce ainsi que vous défendez vos amis ?
   Ita ne verò nos defendis ?
X I I.
C'est suivi d'un Infinitif se tourne par *Celui qui*, &c

Exemple.

C'eſt ſe tromper que de croire , *&c.* Errat
qui putat ,&c.

C'eſt & *le que* qui le ſuit , ſe retranchent quelquefois
tous deux.

Exemple.

C'eſt ainſi qu'il parla (c. à d.) *Il parla ainſi,*
ita locutus eſt.

C'eſt une choſe excellente que la vertu, Præ-
ſtantiſſimum aliquid virtus eſt.

XIII.

Sur le Futur de l'Indicatif, *& ſur* l'Im-
parfait du Subjonctif.

Le *Futur de l'Indicatif*, & *l'Imparfait du Subjonctif*, ſe mettent fort élegamment dans le Latin au Preſ-
ſent du Subjonctif.

Exemple.

*Vous verrez des gens qui ne ſe mettent
point en peine de ce qu'on dit d'eux ,*
videas ou reperias qui de famâ non
laborent.

Vous ne ſçauriez croire , *&c.* Vix credas, &c.

Vous le prendriez pour un homme ſage,
Eum ſapere putes.

CHAPITRE XXI.

Sur les Gerondifs, *& sur le Verbe* Faire.

I.

Lors qu'un nom Subſtantif ſuivi de l'article *de*, ſe rencontre devant un Infinitif, on met le Verbe Latin au Gerondif en *di*.

Exemple.

Le temps d'étudier, tempus ſtudendi.
L'occaſion de vous rendre ſervice , de t benè merendi occaſio.

I I.

Au lieu du Gerondif en *di* , c'eſt une élegance de ſe ſervir du Participe *dus* , *da* , *dum* , & de le faire accorder avec le nom Subſtantif, qui lui eſt joint.

Exemple.

Un moyen honnête d'augmenter ſon bien. Augendæ rei honeſta ratio.
J'ai envie de voir la ville. Videndæ urbis deſiderium me tenet.

Exemple.

Il y a des Adjectifs après leſquels on met le Gerondif en *di*, parce qu'ils gouvernent le Genitif.

Exemple.

Exemple.

Je prends plaisir à vous entendre , sum
cupidus te audiendi.

Je suis desireux d'aprendre , sum stu-
diosus discendi.

I V.

Il y a d'autres Adjectifs après lesquels il faut mettre
le Supin en *u.*

Exemple.

*Ce seroit une chose honteuse de parler de
cela ,* hoc turpe dictu esset.

V.

Quand la Particule *En* se rencontre devant le Participe present de l'Actif , c'est le Gerondif en *do.*

Exemple.

*On devient saint en gardant les Comman-
demens de Dieu ,* fimus sancti observan-
do mandata Dei.

V I.

Quand la Particule *En* se peut tourner par *Pendant
que ,* on l'exprime élegamment par la préposition *Inter* avec le Gerondif en *dum.*

Exemple.

J'ai coûtume de lire en me promenant,

inter deambulandum foleo legere.

V I I.

Quand la Particule *A* devant un Infinitif fe tourne
par *En*, c'eft encore le Gerondif en *do*.

Exemple.

Il paffe tout le jour à lire, totum diem
confumit legendo libros, *ou* in legendis
libris.

V I I I.

Si la Particule *A* fe tourne par *Pour* ou par *Afin que*,
il faut fe fervir de *Ad* avec le Gerondif en *dum*.

Exemple.

Il m'a donné des livres à lire, dedit mihi libros ad legendum, *ou bien*, mihi dedit libros legendos, *ou* ut legerem.

I X.

Pour ou *Afin* devant un Infinitif, s'exprime par *Ut*
avec le Subjonctif, ou par *Ad* avec le Gerondif en
dum.

Exemple.

Il écoute pour ou *afin d'aprendre la langue Latine*, audit ut difcat, *ou* ad dif-
cendam linguam Latinam.

X.

Pour devant un Infinitif Paffif s'exprime par *Ut*

Il étudie pour être loüé, ſtudet ut lau-detur.

X I.

Pour devant le Pluſqueparfait de l'Infinitif, ſe tour-ne quelquefois par *parce que*, en Latin, *Quòd* ou *Quia*, &c. & quelquefois il ſe tourne par *Quoique*, & ſe met en Latin par *Cùm* ou *Quamvis*.

Je ſuis des derniers pour avoir mal fait mon thême, (c. à d.) *parce que j'ai mal fait*, *&c.* Sum ex ultimis quia malè ſcriptionem contexui.

Il a peu profité pour avoir tant étudié, (c. à d.) *quoiqu'il ait tant étudié*, *&c.* Parùm profecit, cùm *ou* quamvis tamdiu ſtuduerit.

Du Verbe Faire.

La ſignification de *Faire* eſt fort étenduë, & dépend des mots auſquels il eſt joint.

I.

Faire en ſorte s'exprime par *Facere*, *Efficere*, ou *Dare operam.*

Exemple.

Faites-moi sçavoir, fac ut sciam.
Faites lui connoître, da operam ut intelligat.

I I.

Faire signifiant *Commander*, s'exprime par *Jubeo*,
ensuite on retranche le *que*.

Exemple.

Lé Roy fit venir ses gardes, Rex satel-
lites accersi jussit.
Il fait bâtir une citadelle, arcem ex-
strui jubet.
Il le fit tuër, eum occidi jussit.

I I I.

Quand Faire, signifie *Obliger*, *Commander*, il s'exprime par *Cogere*, *Impellere*, &c.

Exemple.

La nécessité fait faire beaucoup de choses,
multa facere necessitas cogit.
Cette raison m'a fait croire que, &c. Quæ
ratio me impulit ut crederem, &c.
Pompée m'a fait prendre cette résolution.
Pompeius in hanc mentem me impulit.

I V.

Faire attendre quelqu'un, alicui moram afferre.

Se faire estimer, nomen sibi conficere, *ou* famam parare, *ou* nomen parere.

Se faire des amis, amicos sibi parare *ou* facere.

Se faire admirer de tout le monde, omnibus movere admirationem.

Se faire aimer de quelqu'un, alicujus benevolentiam sibi conciliare.

Se faire haïr, mépriser, in odium incurrere, in contemptum venire.

Se faire donner quelque chose par force, per vim extorquere.

Tâcher à se faire loüer, laudem captare.

Cela vous fera loüer, id tibi laudem afferet.

S'en faire accroire, sibi arrogare, multùm sibi tribuere.

Faire revenir quelqu'un, revocare aliquem.

Se faire regarder de tout le monde, omnium in se oculos convertere.

I 3

Faire taire quelqu'un, alicui silentium imponere.

Faire voir quelque chose à découvert, rem oculis subjicere.

PREMIERE TABLE.

Du Que *retranché.*

Les Tems de l'Indicatif se mettent au même Tems à l'Infinitif.

Je crois, je croirai que Pierre	*aime,*	Credo, Credam Petrum	amare.
	a aimé,		amavisse.
	ou		
	aima,		
	avoit aimé,		amavisse.
	aimera,		amaturum esse.

IMPARFAIT DE L'INDICATIF.

Je croyois, j'ai crû, j'avois crû que Pierre aimoit.	Credebam, credidi, credideram Petrum amare.
J'ai crû que Pierre lisoit hier.	Credidi Petrum heri legisse.

Je crois, ou croirai que Pierre étoit vaillant.	Credo , credam Petrum fortem fuisse.
Je disois que Ciceron étoit Consul.	Dicebam Ciceronem fuisse Consulem.

On met l'Imparfait au Parfait de l'Infinitif , si la phrase s'entend du passé.

PRESENT DU SUBJONCTIF.

Pour l'avenir.

Pensez - vous que j'aille demain aux champs ?	Putas-ne me cras iturum esse rus ?
Je ne crois pas que vous soyez jamais Empereur.	Non puto te unquam futurum esse Imperatorem.

Quand la Phrase ne s'entend pas de l'avenir.

Je ne dis pas que vous soyez negligent.	Non dico te esse negligentem.

IMPARFAIT DU SUBJONCTIF,
En trois manieres.

Je ne croyois pas que	Non putabam te

vous vinſſiez ſi-tôt. — tam citò venturum eſſe.

Je ne croyois pas que vous luſſiez lorſque, &c. — Non credebam te legere, cùm, &c.

Croyez vous qu'on m'écoutât quand je parlois? — Putas ne me auditum fuiſſe, cùm loquebar?

PLUSQUEPARFAIT DU SUBJONCTIF.
En trois manieres.

Je crois que vôtre frere auroit ou eût été ſage, s'il eût vécu. — Credo fratrem tuum futurum fuiſſe ſapientem, ſi vixiſſet.

Je croyois que vous auriez, ou que vous euſſiez lû le Livre que je vous ai donné. — Credebam te legiſſe librum quem tibi dedi.

J'aurois ou j'euſſe dit que vous euſſiez été ſage, ſi, &c. — Te ſapientem eſſe dixiſſem, ſi, &c.

PARFAIT ET FUTUR DU SUBJONCTIF.

Je ne crois pas que vous ayez encore — Non puto te adhuc meas litteras ac-

reçû mes lettres.	cepiſſe.
Je ne crois pas que vous ayez fait cela avant mon retour.	Non puto fore ut illud confeceris antequam rediverim.
Je crois que vous aurez lû ce Livre.	Credo te librum legiſſe.
Je crois que vous n'aurez pas lû ce Livre en deux jours.	Non puto fore ut librum hunc legeris intra duos dies.

PRESENT DE L'INFINITIF.

J'eſpere aller à Rome.	Spero me iturum eſſe Romam.
Croit-il être écouté s'il parle?	Credit-ne se auditum iri si loquatur?
Croit-il être oüi lorſqu'il parle?	Credit-ne se audiri cùm loquitur?

VERBES SANS PARTICIPES DU FUTUR.

Je crois que Pierre		Credo fore ou futurum eſſe ut Petrum	
	se repentira,		pœniteat.
	se repentiroit,		pœniteret.
	se fût repenti,		futurum fuiſſe.
			ut pœniteret.

Je crois que Pierre étudiera, / étudieroit, / eût ou auroit étudié, — Credo fore consuturum esse ut Petrum — studeat. / studeret. / futurum fuisse ut studeret.

SECONDE TABLE.

Changement de l' INFINITIF *précedé de quelques Particules.*

I.

De devant l'Infinitif.

Je { vous prie / vous prierai } d'étudier. rogo / rogabo { te ut. studeas.

Je { vous priois / vous ai prié / vous avois prié } d'étudier. rogavi / rogabam / rogaveram { te ut flu-deres.

TEMPS DU SUBJONCTIF.

Je { vous prierois / vous aurois prié / ou / vous eusse prié } d'étudier. rogarem / rogavissem { te ut studeres.

I I.

Pour, Afin, *devant* l'Infinitif.

J'étudie	}	*afin* ou *pour en-feigner.*	ftudeo	}	ut do-ceam.
J'étudierai			ftudebo		

Les autres Temps fe mettent comme ci-devant à la particule *De* avant un Infinitif.

O B S E R V A T I O N.

Quelquefois aprés le Parfait de l'Indicatif, l'on met le Préfent du Subjonctif, felon que le marque le fens de la phrafe.

Exemple.

Jean eft venu aujourd'hui pour étudier.
Joannes hodiè venit ut ftudeat.

I I I.

Avant que *devant un* Infinitif.

Il étudie	*avant que de jouer.*	ftudet	}	antequam ludat.
Il étudiera		ftudebit		
Il étudioit		ftudebat	}	antequam luderet.
Il a étudié		ftuduit		
Il avoit étudié.		ftuduerat		

TEMPS DU SUBJONCTIF.

Il étudieroit	*avant que de jouer.*	ftuderet antequam luderet.
Il auroit ou Il eût étudié		ftuduiffet ante-quam lufiffet.

OBSERVATIONS GENERALES.

1. Aprés le Present & le Futur, on met le Present du Subjonctif.

2. Aprés l'Imparfait, le Parfait & le Plusqueparfait, on met l'Imparfait du Subjonctif.

3. Aprés le Plusqueparfait du Subjonctif, on met l'Imparfait du Subjonctif.

4. On doit garder les mêmes regles pour les Particules *De, Afin,* & *Pour* devant le Present de l'Infinitif.

Au lieu *devant un* Infinitif.

Il joüe.		Ludit cùm debet
Il joüoit.		Ludebat cùm debuiſſet
Il a joüé.	*au lieu d'étudier,*	Luſit cùm debuit, *ou* debuiſſet
Il avoit joüé		Luſerat cùm debuiſſet
Il joüera		Ludet cùm debebit, *ou* deberet.

Studere.

TEMPS DU SUBJONCTIF.

Qu'il étudie,		Studeat cùm poſſet
Un Eſcolier diligent étudieroit ;	*au lieu de joüer,*	Diligens ſcholaſticus ſtuderet cùm poſſet
auroit, où eût étudié,		ſtuduiſſet cùm potuiſſet.

Iudere.

FIN.

TABLE

DES CHAPITRES.

Table des Chapitres.

Table des Chapitres.

Fin de la Table,

K

PHRASES

TIRE'ES DE

CICERON.

ES choses vous sont nouvelles & inopinées. *Nova tibi hæc
sunt & inopinata.* 4. Ver. 24.
Sachez que je suis dans de
grandes inquiétudes. *Scito me esse in
summa sollicitudine.* 8. ad Att. 17.

Je pense qu'il doit être marri d'a-
voir changé d'avis. *Ego ipsi quòd de suâ
sententiâ decesserit pœnitendum puto.* 7. ad
Attic. 3.

Je ne suis pas fâché que cela se soit
fait. *Hoc me invito non est factum.* 2.
Phil. 61.

Souffrir le mauvais naturel d'une personne avec le plus de douceur qu'il se peut. *Alicujus perverſitatem quàm humaniſſimè ferre.* 2. Qu. F. 4.

C'eſt l'homme le plus mauvais que la terre ait jamais porté. *Vir longè poſt natos homines improbiſſimus.* de Clar. 224.

Ils confeſſent eux-mêmes qu'ils ſont méchans & criminels. *Facinoroſos ſe eſſe fatentur.* 3. Off. 39.

Trouver mauvais ce qu'un autre fait. *Alicujus factum improbare.* 4. Acad. 69.

Je vous ai obligation, *ou*, Je vous ſai bon gré d'avoir répondu à Octavius. *Multùm te amo quòd reſpondiſti Octavio.* Cic.

Je vous ſçai bon gré de cela. *Amo te de hac re.* Ter.

Je me ſçai bon gré de cela. *In eo valdè me amo.* Cic.

Vous m'avez extrémement obligé ; je vous ai bien de l'obligation ; vous m'avez fait un extréme plaiſir ; je ſuis bien-aiſe de ce que vous avez eu ſoin de me trouver des ſtatuës à bon marché. *Te valdè amamus quòd ſigna abs te diligenter, parvoque curata sunt.* Cic.

Vous avez dit que le logis où il de-
meuroit étoit loüé trente mille livres.
Triginta millibus dixisti eum habitare.
Cic.

J'ai été trouver aujourd'hui un homme qui est du lieu d'où je suis, qui est
de mon païs. *Conveni hodie quemdam mei
loci, hinc.* Ter.

Il cherchoit l'occasion d'opprimer
l'Armée & le Chef. *Imminebat in occa-
sionem opprimendi ducis exercitusque.* Liv.

Qu'il devoit sa vie à la fortune ou
au sort. *Sortium beneficio sese incolumen.*
Cæs.

Faire ressouvenir d'une chose, en ra-
fraîchir la memoire, la rapeller. *Inducere in memoriam rei alicujus.* Plaut.

Voici ma pensée, & je ne puis m'ô-
ter cela de l'esprit. *Sic animum induco
meum.* Ter.

Vos discours me persuadoient. *In-
ducebar orationibus tuis.* Cic.

Dés l'enfance, dés la plus tendre
jeunesse. *Ab ineunte ætate.* Cicer.

Cela vous est arrivé avec justice, vous
l'aviez bien merité ; ce n'est pas sans

raison que cela vous est arrivé. *Non in-juriâ tibi illud accidit.* Cic.

Ce n'est point mon naturel d'être avaricieux ; je ne suis point naturellement avaricieux. *Non mihi avaritia unquam innata est.* Plaut.

Cette harangue alluma l'ardeur & le desir de combattre. *Hac oratione habita summa alacritas & cupiditas belli gerendi innata est.* Cæs.

Le desir de savoir naît avec nous. *Amor scientiæ & cognitionis innatus est in nobis.* Cic.

Ne point s'enquerir des affaires d'autrui. *Nihil de alieno inquirere.* Cic.

Aristote a commis à Dieu la conduite de l'Univers. *Aristoteles Deum præfecit mundo.* 1. de Nat. 33.

La volupté n'a point de communication avec la vertu. *Voluptas nullum habet cum virtute commercium.* de Sen. 42.

J'avois une étroite communication avec lui. *Erat mihi cum eo usus & consuetudo.* pro S. R. 15.

Avoir communication de toutes choses avec quelqu'un. *Inire societatem omnium rerum cum aliquo.* pro Qu. 22.

Jamais nos ancêtres n'ont interrompu la communication du droit de bourgeoifie avec les Etrangers. *Nunquam à majoribus noftris intermiffa eft largitio & communicatio civitatis.* pro Corn. 31.

Ma confcience ne me reproche rien. *Præclarâ confcientiâ fuftentor.* 10. Att. 4.

Suivre le confeil de quelqu'un. *Confilium capere de fententiâ alicujus.* 3. Att. 4.

J'ai fuivi vôtre confeil. *Confilium tuum fecutus fum.* Att. 15.

J'ai demandé le confeil de Craffus. *Confilium Craffi exquifivi.* 4. Fam. 2.

J'ai donné mon confeil à Turnus fur cela. *Confilium Turno hac de re attuli.* 15. Att. 1.

Quel confeil lui puis-je donner, en ayant moi-même befoin? *Quid illi afferre confilii poffum, cùm ipfe egeam confilio?* 15. Att. 1.

Prendre confeil de quelqu'un. *Adhibere fibi aliquem in confilium.* 2. Off. 82.

Je vous demande confeil, que jugez-vous que je faffe? *Vos confulo, quid mihi faciendum putetis?* 3. Ver. 32.

Confulter quelqu'un par lettres. *Per*

litteras aliquem consulere. 11. Fam. 29.

Passer sa vie content, sans souci. *Omne tempus ætatis sine molestiâ degerere.* de Sen.

Vous ne pouvez pas demeurer plus long-temps avec nous. *Versari nobiscum diutiùs non potes.* Cic.

Il me semble que je vous vois toûjours present devant les yeux, ou jour & nuit. *Mihi ante oculos dies noctesque versaris.* Cic.

Numa succéda à Romulus, fut Roi aprés lui. *Romulum excepit Numa.* Liv.

Quel Citoyen le Sénat a-t'il jamais recommandé aux Nations étrangeres, hormis moi ? *Quem unquam Senatus civem nisi me, nationibus externis commendavit ?* pro Sext. 138.

Tout le monde te veut mal, te souhaite la mort, t'a en horreur. *Omnes te oderunt, tibi pestem exoptant, te execrantur.* in Pis. 96.

J'employerai à cela toute mon industrie. *Omnem industriam, operam, studiumque ad id conferam. Eâ in re omnem industriam, curam, diligentiam, operam ponam, vel; collocabo, locabo, figam, consumam.*

Ayant conduit fon Medecin au lit de la malade, elle s'écria qu'elle ne vouloit prendre aucun remede d'un Medecin, qui par fes ordonnances avoit tué tous les fiens. *Ad ægram cum adduxiffet medicum illum fuum, exclamavit mulier fe ab eo nullomodo velle curari, quo curante fuos omnes perdidiffet.* pro Cluent. 40.

Je ne vous demande autre faveur que le fouvenir éternel de cette journée. *Nihil ego à vobis poftulo, præterquàm hujus diei memoriam fempiternam.* 3. Catil. 26.

Mettre quelque chofe bien avant dans fa mémoire. *Aliquid in mente & cogitatione defigere, xi, xum,* 2. de Or. 175.

Ce qui eft inoüi de mémoire d'homme. *Quod in omni memoria eft omninò inauditum.* in Vat. 33.

L'intemperance eft la mere de tous les troubles. *Mater omnium perturbationum eft intemperantia.* 1. Acad. 27.

La Philofophie eft la mere des Arts liberaux. *Philofophia eft bonarum artium procreatrix & parens.* de Nat. 9.

Oreſtes eſt accuſé d'avoir tué ſa mere. *Oreſtes matricidii accuſatur.* 1. de inv. 18.

Il faut tout abandonner au caprice de la fortune. *Fortunæ ſunt omnia committenda.* 10. Art. 2.

Graccus avoit abandonné le Senat. *Graccus à Senatu deſciverat.* de Har. 41.

Abandonner la verité. *Deciſcere à veritate.* 4. Ac. 26. ou bien, *Deficere, eci, ctum.* de Amic. 37.

Abandonner quelqu'un à la cruauté d'un autre. *Aliquem alicujus crudelitati condonare.* pro Cl. 195.

Etre abandonné de ſes amis, & n'en tirer aucun ſervice. *Deſeri ab officiis amicorum.* 5. F. 2.

Abandonner la vertu. *A virtute degenerare.* pro Fl. 25. *Deflectere, xi, xum.* de Har. 41. *Deſciſcere, vi.* 4. de Fin.

S'abandonner, être abandonné. *Projicere ſe, ci, ctum.* pro R. 33.

S'abandonner à la conduite de quelqu'un. *Se ad alicujus ductum applicare, cui, citum.* 3. F. 11.

S'abandonner aux plaiſirs. *Se libidinibus tradere, didi, tum.*

Abhoré, haï, détesté de quelqu'un. *Invisus alicui.* 10. F. 31. *Exosus alicui.* Hel. l. 2. c. 18. *Odiosus alicui.* de Sen. 25.

Les vieillards sont abhorez de tous. *Senes sunt odiosi omnibus.* de Sen. 25.

Plus un homme est fin, & plus il est haï. *Quò quis callidior & versutior est, hoc invisior.* 2. Off. 34.

Abolir une Loi. *Legem delere, (eo, es, evi, etum.)* pro Sext. 56. *Legem tollere, (lo, is, sustuli, sublatum.)* 2. de Leg. 31.

La gloire du peuple Romain fut abolie de la memoire des hommes. *Nominis Romani memoria delata fuit.* pro Flac. 60.

Les anciennes Loix ont été abolies par les nouvelles. *Veteres leges novis legibus sunt sublatæ.* 1. de Or. 247.

Philippes proposa une Loi touchant la distribution des terres, & neanmoins il la laissa abolir. *Philippus legem agrariam tulit quam tamen antiquari passus est.* 2. de Off. 73.

Abomination, horrible crime, grand peché. *Execrandum scelus, nefandum crimen.* Antoine est de difficile abord. *Aditus ad Antonium est difficilis.* 5. Att. 8.

Aborder quelqu'un, l'aprocher. *Cum aliquo congredi, accedere ad aliquem.* Tusc. 27. *Adire aliquem, eo, ivi, itum.* 3. F. 7.

Tous vous abordent. *Omnes te adeunt.* 3. F. 9.

On ne peut pas aborder les Préteurs de quelques jours. *Prætores diebus aliquot adiri non possunt.*

Je me souviens que quelques - uns m'abordoient. *Ad me adire quosdam memini.* 3. F. 10.

La Fortune ne peut m'aborder. *Fortuna ad me aspirare non potest.* 3. Tusc. 29.

Voyons où aboutira tout ceci. *Videamus hoc quorsum evadat.* 9. Art. 21. *Quo feretur.* Ovid.

Je suis marri que vous ayez été si long-tems absent de nous. *Ego te abfuisse tamdiù à nobis doleo.* 2. F. 1.

Quintus s'absenta du festin. *Quintus convivio defuit.* 2. q. Fr. 5.

Et je ne croyois pas que Pompée acceptât aucune condition. *Nec Pompeium ad ullam conditionem accessurum putabam.* 8. Famil. 23.

Ligarius fut contraint d'accepter

cette charge. *Ligarius provinciam acce-*
pit invitus. pro Leg. 2.

Un accident m'empêcha de le faire.
Id casus quidam ne facerem impedivit. de
Far. 2.

Quelle a été cette étrange rencontre, cet accident si funeste ? *Quæ fuit*
tanta fortuna , quis tantus casus ? 1. de
Nat. 92.

Si cet accident me fût arrivé. *Si in*
eum casum me fortuna misisset. 10. F. 8.

Souffrir sagement tous les accidens
contraires , & toutes les disgraces de
la fortune. *Ferre sapienter casus adversos,*
2. de Or. 346.

Les accidens de la vie humaine sont
divers. *Casus humanarum miseriarum va-*
rii sunt. 2. de Or. 211.

En faire acroire à quelqu'un, le tromper. *Imponere alicui.* 2. q. F. 5.

Milon en a bien fait acroire à Ca-
ton. *Catoni egregiè imposuit Milo.*

On ne me reprochera pas que je
m'en fais trop acroire. *Crimen arrogan-*
tiæ non exhorresco.

Il s'en fait bien acroire quand il dit
cela. *Arrogantissimè id dicit.*

Acheter des meubles. *Comparare suppellectilem.* 4. Ver. 83.

S'adonner à l'éloquence. *Dare operam eloquentiæ.* de Clar. 23.

S'adonner aux lettres. *Referre se ad studia litterarum.* 1. Fam. 9.

Je ne m'adonne qu'au Grec. *Græcis solis indulgeo.* 1. q. Fr. 2.

S'adonner à la Philosophie. *Ad Philosophiam se applicare.* 1. Off. 115. *vi, itum,* ou bien au Datif. 7. de Div. 11.

Je remarque que vous vous êtes adonné au Grec plus que je ne pensois. *Plus te operæ Græcis dedisse video, quàm putabam.* 1. de Or. 15.

S'adonner aux lettres qui sont la source de l'éloquence. *Studere litteris, quibus fons eloquentiæ continetur.* de Clar. 322.

S'adonner fort à quelque chose. *Ponere multùm operæ in aliquâ re.* de Fin.

Adoucir les esprits. *Mentes ad lenitatem misericordiamque revocare.* 1. Or. 53.

Avancer, profiter aux lettres. *Progressus facere in studiis.* 4. Tusc. 41.

Se mêler d'une affaire. *Versari in negotio, or, atus sum.* 5. Att. 16.

Entreprendre une affaire, la con-
duire, & la faire réüffir. *Sufcipere, ad-
miniftrare, & conficere negotium.* 13.
Fam. 11.

L'affaire va bien. *Præclarè fe res habet.* 1. de Or. 114.

Comment va l'affaire ? *Quomodo fe
res habet ?* 13. Attic. 35.

C'eft vôtre affaire. *Tuæ funt partes.*
14. ad Cl. 14. *Tuâ intereft.* pro Cl. 140.

Ce ne font pas fes affaires. *Nihil illius intereft.* 10. Attic 4.

Je penfe que c'eft vôtre affaire de
donner de bonnes impreffions à l'enfant, pendant qu'il eft jeune. *Tuas
partes effe arbitror ut pueri animum tene-
rum rectis opinionibus imbuas.* 14. ad Att.
54.

Céfar m'affectionne de plus en plus
en chaque jour. *Me amiciffimè quotidiè
magis Cæfar amplectitur.* 6. F. 6.

Perfonne n'ignore combien je vous
affectionne. *Meum in te ftudium, nulli
obfcurum eft.*

Chercher fes aifes & fes avantages.
*Commodis fuis, utilitatique fervire, vivi-
itum.* Qu. F. 1.

Ils croyent être heureux, lors qu'ils prennent les aises du corps. *Illi corporis commodis compleri vitam beatam putant.* 3. de Fin. 43.

Se corriger, devenir meilleur. *Recipere se ad bonam frugem, epi, ptum.* pro Cæl. 28. ou bien, *Inire meliorem vitæ rationem, vi, itum.*

Cœlius enfin a▓▓itté ses débauches & amendé sa vie. *Emersit aliquando Cælius, & se ad bonam frugem recepit.* pro Cælio 28.

Etre trop ambitieux. *Ad nimiam ambitionem incumbere, bui, bitum.* 1. ad Q. F.

Chercher l'amitié d'une personne. *Ad alicujus amicitiam se conferre.* Orat. 280.

Sous aparence d'amitié trahir quelqu'un. *Per simulationem amicitiæ aliquem prodire.* ad Quir. 21.

J'aprouve fort vôtre dessein. *Ego consilium vehementer approbo.* 3. Q. F. 4.

J'attendois de jour en jour pour arrêter ce que j'avois à faire. *Diem ex die expectabam, ut statuerem quid mihi esset faciendum.* 7. Att. 25.

Je ne suis pas ignorant jusqu'à ce

point que de me dire Jupiter. *Non sum tàm insolens, qui Jovem esse me dicam.* pro Dom. 62.

Donner à quelqu'un une grande attente de soi. *Magnam sui expectationem alicui movere, vel commovere.* pro leg. Manil. 32.

Afin que vous puissiez répondre à l'attente que vous avez donnée de vous. *Ut quam expectationem tui concitasti, eam sustinere ac tueri possis.* 2. F. 1.

Gravez ceci bien avant dans vôtre esprit. *Altè in animum hoc descendat tuum.*

Le Superieur doit procurer les avantages & l'utilité de ceux ausquels il commande. *Est ejus qui aliis præsit, eorum quibus præsit, commodis, utilitatique servire.* 2. de Nat. 123.

Etre favorisé des dons de la fortune, & doüé de tous les avantages de la nature. *Fortunæ muneribus & naturæ commodis omnibus abundare.* 4. ad Her. 61.

Je mettrai en avant des choses si connuës, si averées, si évidentes, que, &c. *Hujusmodi res ità notas, ità testatas, ità manifestas proferam, ut, &c.* 2. Verr. 40.

Faites que tout ce que vous m'écrirez

ſoit bien averé. *Fac ut omnia ad me perſpe-*
cta & explorata perſcribas. 3. Attic. 15.

J'ai une lettre à vous faire tenir. *Ha-*
beo tibi literas unas tradendas.

Autant que faire ſe peut. *Quoad ejus*
fieri poſſit. Famil. 8.

Ne ceſſez de m'écrire autant que vous
pourez. *Ne intermittas , quoad ejus facere*
poteris, ſcribere. 11. ad Att. 13.

Tucydide compoſa ſes Livres aprés
qu'il fut banni. *Tucydides ſcripſit libros*
ſuos, cum in exilium pulſus eſſet. 3. de leg. 26.

Les Loix veulent que les méchans
ſoient bannis. *Leges volunt ſceleratos exi-*
lio affici. Har. 4.

Il ne faut pas deffendre la République par les ſecours barbares d'une Na-
tion infidelle. *Auxiliis barbaris fallaciſ-*
ſimæ gentis non eſt Reſpublica deffenden-
da. 11. ad Att: 7.

Vous parlez quand il eſt beſoin de
ſe taire, & vous ne dites mot quand il
faut parler. *Tacito cum opus eſt , clamas ;*
cum loqui convenit.

LISTE
DE VERBES
DE
DIVERS REGIMES.

A.

Bdicare, simplement ; ou, *Magistratum*, ou , *se Magistratu. Cic.* Se défaire d'une Charge.

Abdicare aliquem. Tac. Le renoncer.

Aberrare proposito, & à proposito. Cic. S'égarer de son sujet.

Abesse urbe, domo, & ab urbe , ab domo. Cic. N'y être pas.

Abhorret facinus ab illo. Cic. Il est trés-éloigné de cette méchante action.

Parum Abhorrens famam. Liv. N'aprehendant pas la diffamation.

Illud Abhorret à fide. Cic. Cela n'est nullement croyable.

Abjicere se alicui pedes , ou , ad pedes ali.

cujus. Se proſterner, ſe jetter à ſes pieds.

Abjicere animum. Se décourager.

Abire, à, ab, de, è, ex loco. Cic. S'en aller, ſortir, ſe retirer.

Abnuere aliquid alicui. Cic. Alicui de re aliquâ. Sall. Lui refuſer quelque choſe.

Abuti operam. Ter. Perdre ſa peine.

Acquieſcere lecto. Catul. Se repoſer deſſus.

Adeſſe omnibus pugnis. Cic. Se trouver à toutes les Batailles.

Adhibere ſeveritatem in aliquo ou *aliquem,* ou *erga aliquem. Cic.* Uſer de ſeverité envers quelqu'un.

Adire aliquem ou *ad aliquem. Cic.* Aller trouver quelqu'un.

Adſcribere civitati, in civitatem, ou *in civitate.* Donner le droit de bourgeoiſie.

Advertere in aliquem. Tacit. Punir quelqu'un.

Adulari depon. aliquem. Flâter quelqu'un.

Æmulari alicui. Cic. Porter envie à quelqu'un. *Aliquem. Cic.* Tâcher de le ſurpaſſer.

Æſtimare aliquem. Eſtimer quelqu'un.

Agere rem, ou *de re*, *aliquem*, ou *partes alicujus*, *cum populo lege*, ou *ex lege*. *Cic.* Traiter, agir, faire, contrefaire.

Angi animo. *Cic. re aliquâ* ou *de re*. Se chagriner.

Antevenire alicui ou *aliquem*. Venir au-devant de quelqu'un, le prévenir.

Assurgere ex morbo. Se relever de maladie.

Attendere aliquem. Ecouter quelqu'un.

Attendere animum ou *animam ad aliquid*. S'apliquer à quelque chose.

Attineri studiis. *Tacit.* Etre attaché à l'étude.

B.

BEllare *alicui*, ou *cum aliquo*. Combatre contre quelqu'un.

C.

CAdere *altè*, ou *ab alto*. *Cic. in plano. Ovid. in terram. Lucr. in unius potestatem. Cic.* Tomber.

Carere commodis. *Cic.* N'avoir pas.

Caruit te febris. *Plaut.* La fiévre ne vous a pas pris.

Cavere aliquid. *Cic.* Eviter, se donner de garde.

Coire in unum. S'assembler. *Societa-*

tem *cum aliquo. Cic.* Faire alliance avec quelqu'un.

Colloqui alicui & aliquem. Plaut. cum aliquo. Cic. Parler avec quelqu'un ou à quelqu'un. *Inter se colloqui. Cic. Cæf.* S'entretenir.

Componere se ad exemplum. Quint. Se conformer.

Condemnare crimine, criminis, ou *de crimine.* Condamner. *De crimine omnes de confilii fententia. Cic.* Par l'avis de tous les Conseillers.

Condere in sepulchro. Cic. Humo & in humo. Ovid. Enterrer.

Congredi alicui ou *aliquem.* S'aprocher de quelqu'un. *Cum hoste & contra hostem.* L'attaquer.

Consentire sibi ou *secum. Cic.* Etre d'accord avec soi-même.

Conserere manum ou *manu cum hoste.* Combattre avec l'ennemi.

Considere aliquo loco, ou *in aliquo loco. Cic.* S'arrêter en quelque lieu.

Consulere boni. Prendre en bonne part.

Consulo in te. Je médite quelque chose pour ou contre vous.

Contendere rem cum alia re. Cic. Comparer une chose avec une autre.

Contingit mihi, Cic. Il m'est arrivé.

Contingit mihi. Cic. Il me touche, il m'apartient.

D.

D Are litteras alicui. Donner des lettres à quelqu'un, les lui mettre entre les mains.

Dare manus. Cic. Donner les mains, se rendre. *Cibo dare. Plin.* Donner à manger.

Da Tityre nobis. Virg. Dites - nous. *Tibi debemus. Cic.* Nous vous sommes bien redevables.

Deferre studium suum & laborem ad aliquem. Lui offrir son service.

Defferre aliquem. Accuser quelqu'un.

Deficere ab aliquo. Cicer. Quitter le parti de quelqu'un.

Deflectere iter. Se détourner de son chemin.

Desperare salutem, saluti, ou *de salute. Cic.* Desesperer de. *Ab aliquo. Cic.* N'attendre rien de lui.

Despondere filiam alicui. Cicer. Promettre en Mariage.

Despondere animis. Liv. Se promettre de faire quelque chose.

Dubitare de fide alicujus. Douter de la fidélité de quelqu'un.

Duci despicatui. Cic. Etre méprisé.

E.

Efferre pedem domo. Sortir dehors. *Efferre laudibus. Cic.* Loüer hautement.

Efferri in amorem. Etre aimé.

Egredi ab aliquo. Ter. Sortir de chez quelqu'un.

Eripere aliquem à morte. Préserver quelqu'un de la mort.

Excusare se alicui & apud aliquem. S'excuser.

Exigere aliquem è civitate. Cic. Chasser quelqu'un de la Ville. *Honoribus.* Le priver des honneurs.

Exigere de re aliquâ. Disputer d'une chose, la disputer.

Exorare, expetere, & exposcere aliquid Deos & à Diis. Cic. & alii. Demander quelque chose aux Dieux.

Expellere, expedire, ejicere, exterminare, extrudere, exturbare, urbe ou *ex urbe. Cic.* Chasser, mettre dehors.

Explere aliquem. Cic. Ter. animum alicujus. Liv. animum alicui. Ter. Contenter quelqu'un, le ſatisfaire.

Explicare rem aliquam, vel, de re aliquâ. Cic. Expliquer quelque choſe.

Exulare Romæ. Cic. Vivre à Rome, ou, exil. *Domo. Ter.* Etre banni de chez ſoi. *A Patriâ. Plaut.*

F.

FAcere bona alicui & in aliquem. Plaut. Faire du bien à quelqu'un.

Nos magnum Feciſſemus. Cic. Nous euſſions fait un grand coup.

Facere gratiam alicui. Liv. Faire grace à quelqu'un.

Fateri ſcelus ou *de ſcelere. Cic. Hor.* Confeſſer, avoüer.

Fœnerare (& non pas *Fœnerari*) *ab aliquo, Appul. & Juriſconſ.* Prendre à intereſt.

Fœnerari aliquid alicui. Cic. Donner à uſure à quelqu'un.

Formidare alicui. Plaut. Craindre qu'il ne lui arrive du mal. *Ab aliquo* ou *aliquem. Cic.* Craindre *ou* redouter quelqu'un.

Fugere conſpectum alicujus. Cic. è conſpectu.

ſpectu. Ter. oppido. Cæſ. de civitate. Quint.
S'enfuïr.

Fungi munere. Exercer une Charge.
Cic. Hor. Et quelquefois faire un preſent.

G.

GRatulari adventu, ou, *de adventu.*
Cic. Témoigner ſa joye de l'ar-
rivée de quelqu'un.

Gratulari victoriam alicui. Cic. Felici-
ter ou congratuler quelqu'un de ſa vi-
ctoire.

Gravari dominos. Lucan. Ne pouvoir
ſouffrir de maîtres.

H.

HAbere rem certam. Cic. Savoir cer-
tainement.

Habere aliquem deſpicatui, vel, *deſpica-
tum. Ter.* Mépriſer quelqu'un.

*Habere aliquem loco patris, Brutus. in
loco patris.* Tenir quelqu'un comme ſon
pere. *Cic.* ou *pro patre. Liv.*

Habere in odium. Cic. Avoir de la hai-
ne.

*Habere orationem apud aliquem. Quintil.
ad aliquem. Cic. cum aliquo. Cæſ.* Parler
à, ou devant quelqu'un.

Habere in potestate & in potestatem.
Cæs. Avoir en son pouvoir.

Horrere Divum numen. Cic. Craindre
& respecter.

Horruerunt comæ. Ovid. Les cheveux
se font dressez à la tête.

I.

JActare se in aliquâ re, & de re aliquâ.
Cic. Ob rem aliquam. Virg. Se vanter.

Illudere alicui, aliquem, in aliquem, in
aliquo. Virg. Ter. Cicer. Se moquer de
quelqu'un.

Implicari morbo & in morbum. Liv. Etre
entrepris de maladie.

Imponere alicui. Cic. Tromper quelqu'un, lui en faire accroire.

Incessere hostes jaculis & saxis, aut pi-
lis liv. Poursuivre les ennemis à coup de,

Inclinare omnem culpam in aliquem. Liv.
Rejetter toute la faute sur quelqu'un.

Se fortuna inclinaverat, ut. Cæs. La fortune s'étoit tournée, que.

Incursare aliquem. Liv. Courir sur quelqu'un.

Indicare conjurationem. Cic. de conjuratio-
ne. Sall. Donner avis d'une conjuration,

Inducere animum ad aliquid, ou, aliquid

in animum. Ter. S'appliquer à quelque chofe.

Inducere animum, fimplement, ou, *animum ut,* ou *ne,* ou *ut ne. Ter.* Se perfuader.

Indulgere alicui. Cæf. in aliquem. Liv. Traiter doucement quelqu'un.

In periculum capitis fe inferre. Cic. Se mettre en danger de perdre la vie.

Ingerere convicia alicui. Hor. in aliquem. Plaut. Charger quelqu'un d'injures.

Ingredi orationem & in orationem. Cic. Commencer à parler.

Inire gratiam ab aliquo & cum aliquo. Cic. Tâcher de s'infinuer dans l'amitié de quelqu'un.

Infervire fuis commodis. Cic. Travailler à fon profit. *Honoribus. Cic.* Les briguer.

Intendere animum ftudiis. Hora. S'apliquer à l'étude.

Inter belluam & hominem hoc maximè intereft, quod. Cic. La plus grande diference qui foit entre l'homme & la bête, eft que, &c. *Hoc pater ac Dominus intereft. Ter.* Voilà la difference qu'il y a entre un pere & un maître.

L.

LAborare *invidiâ*, ou, *de invidiâ. Cic.* Etre envié & haï.

Laboratur vehementer. Cic. On eſt fort en peine.

Ludere pilâ. Cic. Joüer à la paume.

Luere æs alienum. Curt. Payer ſes dettes. *Pœnas. Cic.* Etre puni.

M.

MAledicere *alicui. Cic. & alii auct.* Médire de quelqu'un.

Manere ad urbem, ad exercitum. Liv. In urbe, in exercitu. Cic. Y demeurer.

Meditari rem aliquam ou *de re aliquâ. Cic.* Penſer à quelque choſe, y refléchir.

Merere & mereri benè vel malè de aliquo. Cic. Obliger ou deſobliger quelqu'un.

Scio hanc meritam eſſe ut memor eſſes ſui. Ter. Je ſçai qu'elle a bien merité que vous vous ſouveniez d'elle.

Mergere aliquem æquore ou *ſub æquore. Virg. unda, vel in undis. Ovid.* Submerger quelqu'un.

Miſcere vinum aquâ, & aquam vino. Plin. Mêler le vin avec l'eau, ou l'eau avec le vin.

Miscere sacra profanis. Hor. Mêler les choses sacrées avec les prophanes.

Movere se loco, vel, *ex loco. Cæs.* Partir, déloger.

N.

Narrare aliquid, ou *de re aliquâ.* Parler de quelque chose.

Nocere alicui. Nuire à quelqu'un. *Cic. aliquem. Plaut.*

O.

Obruere telis. Cic. Accabler de fléches.

Obruere se vino. Cic. S'enyvrer.

Obstrepi clamore. Cic. Etre étourdi du bruit.

Obtrectare laudibus & laudes alicujus. Liv. Médire de quelqu'un.

Occupare aliquem. Cic. Curt. Prévenir ou surprendre quelqu'un.

Offendere aliquem, apud aliquem, in aliquo. Cic. Offenser quelqu'un, être mal avec lui.

Sin quid offenderit, sibi totum, tibi nihil offenderit. Cic. S'il vient à faire quelque faute, ce sera pour lui.

Si in me aliquid offendistis. Cic. Si vous avez trouvé en moi quelque chose à redire, si je vous ai offensé en quelque chose.

Offendere alicui animum. Cic. Choquer quelqu'un, lui déplaire.

Opponere periculis. Cic. Exposer au danger.

Oppugnare aliquem clandestinis consiliis. Cic. Tâcher de ruiner quelqu'un par de secrettes menées.

P.

PArticipare servum consiliis. Lui faire part de ses secrets.

Bestias pascere. Faire paître.

Pendere promissis. Cic. S'attendre aux promesses.

Penetrare in cælum. Cic. Entrer au Ciel.

Pergo præterita. Cic. Je passe sous silence.

Plaudere aliquem. Aplaudir quelqu'un.

Pollere moderatione & constantiâ. Cic. Etre recommandable par sa moderation & par sa constance.

Ponere in beneficii loco. Cic. Tenir à grande faveur.

Ponere de manibus. Cic. Quitter.

Potiri hostium. Demeurer victorieux

des ennemis, & quelquefois, (comme dans Plaut.) tomber entre les mains des ennemis ; ce qui vient de ce que les anciens, pour éviter le mauvais augure, se servoient souvent d'une expression favorable pour marquer une chose mauvaise : d'où vient encore *facer* pour *execrable* : d'où vient *benedicere* dans l'Ecriture, pour *maudire* ; & semblables.

Præstare benevolentiam alicui. Cic. Lui témoigner de l'affection.

Præstare Rempublicam. Maintenir la Republique.

Se incolumen præstare. Cic. Se maintenir en bonne santé.

Illuc prævertamur. Hor. Voyons ceci auparavant.

Procedere in virtute, ad virtutem, ad virtutis aditum. Cic. S'avancer dans la vertu.

Ætate processit. Cic. Il est avancé en âge.

Omnia ut spero prosperè procedent. Cic. Tout réüssira heureusement.

Prodit memoria. Colum. On trouve par écrit.

Putare nihil. Ter. pro nihilo. Cic. aliquid minimi. Cic. Eftimer rien, ou peu de chofe.

Q.

QUærere rem tormentis & per tormenta. Cic. Donner la queftion pour favoir un fait.

Quærere rem mercaturis faciendis. Cic. Chercher à faire fortune par le trafic.

R.

REcipere alicui. Cic. Promettre. *Aliquem. Cic.* Le recevoir.

Recipere tectis. Cic. Recevoir chez foi.

Recordari alicujus rei , aliquam rem, de re aliquâ. Cic. cum animo fuo vitam alicujus. Cic. Se reffouvenir, fe reprefenter.

Referre alicui. Raporter , raconter.

Referre cum aliquo. Cic. Conferer avec quelqu'un.

Renunciare alicui ou *ad aliquem. Cic.* Raporter.

Renunciare aliquid. Cic. de re aliquâ. Plaut. Parler d'une affaire.

Prætor nunciatus eft. Cic. Il a été déclaré Préteur.

Ponere in numero & in numerum. Cic. Mettre au nombre.

Repofcere aliquid alterum & ab altero

Cic. Redemander quelque chose à quelqu'un.

Refidere humo. Ovid. Etre affis fur terre.

Refpicere aliquem & ad aliquem. Ter. Regarder ou fonger à quelqu'un.

Ridere aliquem. Cic. Ter. Se moquer de quelqu'un.

S.

SAltare laudes alicujus. Plin. Jun. Danfer en chantant les loüanges de quelqu'un.

Ego meam rem fapio. Plaut. Je fçai bien mes affaires.

Satisfacere alicui de vifceribus. Le paier de fes propres deniers.

Servire tempori , valetudini , rei familiaris, &c. Cicer. fervitutem.

Sitire fanguinem. Cic. Ne refpirer que le carnage.

Solvere crimine. Stat. Abfoudre. *Fidem.* Violer fa parole. *Ter.*

Statuere exemplum in hominem & in homine. Cicer. Faire une punition exemplaire.

Studere alicui. Cic. S'attacher à quelqu'un.

Suadere legem. Cic. Porter le peuple à recevoir une Loi.

Subjicere aliquid oculis. Liv. Mettre devant les yeux. *Superesse alicui.* Survivre.

T.

TAcere aliquid. Tenir secret, ou bien, *de re aliquâ.*

Timere aliquem ou *alicui.* Craindre qu'il n'arrive quelque mal à quelqu'un. *Ab aliquo. Cic.* Le redouter, se défier de lui.

V.

VAcare morbo, vel, à morbo. Celf. N'être pas malade.

Vacare culpâ. Cic. à culpâ. Senec. Etre exempt de faute.

Vagari passim toto foro. Cic. in agris. Courir çà & là.

Vehere amne. Ovid. per maria. Amener par eau, par mer.

Vehi curru. Cic. in curru. Ovid. Aller en en carosse. *In equo. Cic.* Aller à cheval.

Vertere aliquid in laudem. Tacit. Tourner à loüange.

Vertere platonem. Cic. Traduire.

Vigilare ad multam noctem, & de multâ nocte. Cic. Veiller bien tard.

Vindicare se ab aliquo. Sen. de aliquo. Cic. Se vanger d'un autre.

Vindicare à labore. Cic.
Ad majorem Dei g[...]

de nullité des Presentes. Du contenu desquelles vous mandons & enjoignons de faire joüir l'Expolant ou les ayans caufe, pleinement & paifiblement, fans fouffrir qu'il leur foit fait aucun trouble ou empêchement; Voulons qu'à la copie defdites Presentes, qui fera imprimée au commencement ou à la fin defdits Livres, foy foit ajoûtée comme à l'Original; Commandons au premier nôtre Huiffier ou Sergent, de faire pour l'exécution d'icelles tous actes requis & néceffaires, fans demander autre permiffion, & nonobftant Clameur de Haro, charte Normande, & Lettres à ce contraires: CAR tel eft nôtre plaifir. Donné à Paris le 12. jour du mois de May, l'an de Grace mil fept cens feize. Et de nôtre Régne le premier. Par le Roy en fon Confeil,

Signé, FOUQUET.

Regiftré fur le Regiftre N. 4. de la Communauté des Libraires & Imprimeurs de Paris, page 21. N. 27. conformément aux Réglemens, & notamment à l'Arreft du Confeil du 13. Aouft 1703. A Paris le 8. Juillet 1716.

Signé, DELAULNE, Syndic.

De l'Imprimerie de JEAN-BAPTISTE MACHUEL *le jeune.*